Sebastian Schiller
Shira Shinbun

シラー新聞

Sebastian Schiller

Shira Shinbun

Japanische Einblicke

ISBN 978-3-8334-9407-9

© Sebastian Schiller, Berlin 2007
Alle Rechte sind vorbehalten
Gesetzt aus der Centaur
Herstellung und Verlag: Books on Demand GmbH, Norderstedt
Printed in Germany

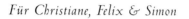

Für Christiane, Felix & Simon

Inhalt

Auftakt

Etwa fünf Minuten früher als geplant landet der Flieger auf dem Kansai International Airport in Osaka. 24 Stunden nach einem gewaltigen Taifun, dessen Bilder wir noch gebannt während unseres Fluges auf den Bildschirmen verfolgen, sind wir also in Japan angekommen. Ein Tag früher hätte es gar nicht sein dürfen. Aufgrund des neunten oder zehnten Taifuns in dieser Saison standen alle Räder still. Auch Osaka und Kobe - dort wo wir wohnen werden - waren betroffen. Davon zeugen einige entwurzelte Bäume und beschädigte Dächer, die wir bei der Busfahrt nach Kobe sehen. Nicht unbedingt ermutigend.

Doch zunächst ein überraschender und fröhlicher Empfang durch eine kleine, deutsche Damenriege auf dem Flugplatz. Große Freude über das Komitee. Anschließend läuft fast alles planmäßig. Bustransfer, Empfang durch die Maklerin und Weitertransport zu unserem Apartment. Die Maklerin hatte sich unsere Gepäckmengen sicherlich anders, und zwar kleiner vorgestellt. So gibt es ein paar Verzögerungen beim Einladen, da das Umklappen der Rückbank des japanischen Autos Geschicklichkeit erfordert. Nun stimmt das Protokoll wieder. Ankunft im Apartment, das wir voller Freude gleich wieder erkennen. Unter 17 Objekten hatten wir es wenige Monate zuvor bei unserem ersten Aufenthalt ausgesucht. Der Verwalter lauert bereits, ein Trupp vom lokalen Internet-Anbieter startet sofort die Einrichtung des Hightech-Anschlusses. Telefon und Fax funktionieren schon bei der Ankunft. Detaillierter Rundgang durch die Wohnung, bei dem der Verwalter uns nach einem 12-stündigen Flug mit extrem wenig Schlaf versucht, sämtliche technische Geräte bis zur letzten Schraube zu erklären. Spätestens bei der komplizierten Erklärung des Müllentsorgungssystems denken wir nur noch ans Schlafen.

Doch das dauert noch ein wenig. Paul von der japanischen Spedition sucht uns wie verabredet mittags auf, um die nötigen Papiere für das »Löschen« der Luftfracht abzuholen. Noch hoffen und bangen wir, dass diese Sachen am Abend eintreffen, sonst müssen wir auf dem nackten Boden schlafen. Im Zweifel wäre das wahrscheinlich auch egal. Zumindest unsere Mietmöbel sind ja da. Tatsächlich treffen dann um 18.30 Uhr Ortszeit 25 Kisten Luftfracht einschließlich unserer Luftmatratzen ein. Anschließend sinken wir in einen tiefen, dumpfen Schlaf, der mit 12 Stunden leider zu lang ausfällt, um in den richtigen Rhythmus zu kommen. Das merken wir dann jedoch erst später.

In den nächsten drei Tagen erkunden wir zu Fuß und per Bahn die nähere und mittelweite Umgebung. Probefahrten vor allen Dingen zur Deutschen Schule, die eine Station mit der privaten Hankyu-Bahn entfernt ist. Unser Sohn Felix wird ab Montag jeden Tag alleine zur Schule fahren, der Schulbus reizt ihn wohl nicht, er sei ja kein kleines Kind mehr. Der Montag beginnt für Simon, unseren zweiten Sohn, in der Schule etwas unerfreulich, da er plötzlich doch nicht so die rechte Lust auf seine Klasse hat. Doch das gibt sich bald. Beide finden schnell Kontakt und werden bereits eine Woche später zur Halloween-Party eingeladen. Wie alles in Japan, wird diese übrigens präzise vorbereitet. Alle japanischen Nachbarn der einladenden amerikanischen Mutter von drei Kindern sind präpariert und erwarten den Besuch der Kinderschar, die mit »treat or tweak« droht. Die süßen Präsente sind bereits eingepackt und damit ein weiterer Beweis japanischer Verpackungskünste. Die Süßigkeiten selbst reichen sicherlich ein halbes Jahr.

Apropos Süßigkeiten: Bäckereien und Konditoreien gibt es reichlich, und ihre Produkte, also kleine und große Backwaren aller Art, sind von vorzüglichem Genuss. Unter den Geschäftsnamen findet sich hin und wieder auch ein deutsch klingender, so z. B. »Köln-Hausgebacken Brot« gleich bei uns vor der Tür oder auch »Schrattenbach«. Nur wenige Schritte entfernt befindet sich ein Supermarkt namens »Life«, den wir zu diesem Zweck auch häufig aufsuchen. Hier sind besonders herzhafte, vorbereitete Speisen zu empfehlen, die wir uns gelegentlich abends holen. Insgesamt zeichnet sich das Essen optisch und qualitativ aus.

Meine Frau Christiane findet in der Schule schnell Kontakt und startet mit Hilfe anderer Mütter auch den einen oder anderen Großeinkauf. Der Schulverein hält gleich seine Jahreshauptversammlung ab; leider komplett auf Englisch. In der Firma läuft das Projekt an. Zunächst gilt es jedoch jeden morgen die Fahrt in der Hankyu-Linie zu überstehen. Meist in einem Waggon, der von Station zu Station voller wird. Dabei haben insbesondere Schüler oder Studenten, jedenfalls junge Menschen in Uniformen, eine gewisse Fertigkeit entwickelt, in einem vollen Abteil jeden Millimeter freien Platz auszuspähen und sich dann rückwärts in den Zug zu drängeln. Was aber toleriert wird. Gleichsam wie eine Ölsardine geht es dann weiter, während langsam die Scheiben im Zug beschlagen.

Am vergangenen Donnerstag startete das Projekt in der Firma mit einem oft in Deutschland erprobten Seminar. »Team-Entwicklung« ist angesagt, nur sind die

Sprachkenntnisse im Englischen recht gemischt. Trotzdem kommt bei den kleineren, interaktiven Übungen auch bei den japanischen Kollegen Spaß auf, und so bauen sie auch mit den Lego-Steinen eifrig mit. Diese stammen übrigens aus Simons und Felix Kisten. Im Vorfeld wurde von dem japanischen Projektmanager sehr viel Detailarbeit geleistet und nichts dem Zufall überlassen. Ein kleines Drehbuch entstand, so dass das Seminar präzise geplant war. Wichtig ist offenbar ein großes Maß an Sicherheit über den Verlauf einer solchen Veranstaltung.

Heute kommt nun die ersehnte Seefracht, unser Container. An einem Sonntag, was für Speditionen hier ganz normal ist. Zwei Tage werden wohl für das Auspacken und den Aufbau reichen. Die gemieteten Möbel gehen dann wieder zurück, und wir erhalten endlich unsere richtigen Betten und die anderen Möbel. Elektroartikel haben wir bereits in einem Geschäft erworben, das sich inzwischen zu unserem Lieblingskaufhaus entwickelt hat: Yodobashi in Umeda, einem Stadtteil von Osaka. Fünf Etagen fast ausschließlich nur Elektroartikel, aufgebaut und ausgepackt und meist umhüllt mit einer riesigen Beschallungsmaschinerie. Danach ist erst einmal Erholung angesagt. Das Angebot ist aber enorm und wohl auch recht günstig. Wir sind inzwischen Inhaber einer goldenen Punktekarte.

Käthe Wohlfahrt

Es weihnachtet seit geraumer Zeit in der Kansai-Region. Bei frühlingshaften Temperaturen um 18 °C setzte vor zwei bis drei Wochen in den Geschäften die wohl überall auf der Welt notwendige Werbung ein. Der gerade erst begonnene Herbst setzt hingegen seine eigenen Akzente, welcher die Blätter in kräftigen weinroten Farben tönt. Um den Überblick zu behalten, an welchen Stellen in der Region die Bäume in welchen Farben leuchten, offenbart sich einmal mehr die vorherrschende Detailliebe. An den Bahnhöfen der Hankyu-Bahn geben beispielsweise Plakate eine aktuelle Auskunft über den farblichen Zustand der Blätter. Dies erfolgt ganz einfach: Auf dem Plakat sind herbstliche Fotos verschiedener Regionen abgebildet, darunter eine kleine Skala. Je nach Fortschritt der Färbung wird ein gelber, roter oder schließlich brauner Aufkleber in Form eines Blattes dort hinein geklebt. Dies geschieht natürlich manuell. Auch hier zeigt sich, dass in diesem technisch hoch entwickelten Land weitaus mehr Menschen beschäftigt werden, als gemeinhin angenommen wird.

Auch wir sind bereits zweimal in das Vorweihnachtsgeschehen involviert gewesen. Und das kam so. In Umeda, dem bereits bekannten Stadtteil Osakas mit seinem famosen Elektronikkaufhaus, findet seit einigen Jahren ein Weihnachtsmarkt statt; nicht irgendeiner, sondern ein deutscher mit einem ebensolchen Namen: »Heidelberger Weihnachtsmarkt«. Die Lage ist imposant. Im Innenhof des futuristischen Sky Buildings, das sich in eine Höhe von knapp 170 Metern erhebt und aus zwei Türmen besteht, welche in lichter Höhe miteinander verbunden sind, in jenem Innenhof also, sind etwa 20 Holzbuden aufgebaut. Diese können sich, was Aussehen und Angebot angeht, wohl mit jedem guten deutschen Weihnachtsmarkt messen. Hier gibt es Bratwürste endlich mal mit knusprigen Brötchen, Käthe Wohlfahrts Christbaumschmuck und vor allen Dingen Glühwein. Doch zum Auftakt singen erst einmal die Kinder der Deutschen Schule aus Kobe, und damit auch Felix und Simon. Deutsche, englische und japanische Lieder werden bereits im dritten Jahr in Folge hier vorgetragen.

Der zweite weihnachtliche Kontakt erfolgte letztes Wochenende an der Deutschen Schule in Kobe. Dort fand der beliebte Weihnachtsmarkt statt. Beliebt insbesondere unter den zahlreichen japanischen Besuchern. So hatten sich die vielen Vorbereitungen, an denen auch

Christiane beteiligt war, doch gelohnt und ein »echter« Weihnachtsmann durfte natürlich nicht fehlen. Veranstalter war der Schulverein. Das Engagement der Eltern ist im Übrigen, trotz oder weil es eine Privatschule ist, offenbar noch stärker als in Deutschland. Auch der Wandertag Anfang November fand ausschließlich unter Beteiligung von Eltern und Schülern statt.

Felix hat bereits seine erste Klassenfahrt hinter sich. Mit den beiden Mitschülern und Schülern gleichen Jahrgangs einer japanischen Schule fuhren sie für zwei Tage nach Hiroshima; und zwar mit dem *shinkansen*, dem japanischen ICE. Dabei haben sie sich die Stadt, die vor der Stadt liegende Insel Miajima, vor allen Dingen aber das dokumentierte Schicksal angesehen, das 1945 die Stadt ereilte und so schreckliche Folgen hinterließ. Neben der Besichtigung des Museums fand auch ein Gespräch mit einem überlebenden Zeitzeugen statt. Simon hat inzwischen vielfältige Kontakte zu seinen Mitschülern geknüpft. Was ja auch einfacher ist als bei Felix, schließlich hat Letzterer nur zwei und Simon sieben Mitschüler.

Auch zu den Eltern gibt es nette Kontakte und immer wieder neue Informationen, die für das tägliche Leben so wichtig sind. Sei es die Einkaufsmöglichkeit in einem Großmarkt, der vergleichbar mit der Metro ist, die ein oder andere Mitfahrgelegenheit oder auch der direkte Draht zum deutschen Konsulat in Osaka. Die Mutter eines Mitschülers von Felix ist dort beschäftigt. Christiane hat neben der Verbindung zu anderen Müttern auch mit der Freundin eines Kollegen einen netten Kontakt gefunden. Nicht nur die örtliche Nähe begünstigt dies. Auch Bummeln oder das Austauschen von Einkaufstipps ist ja zu zweit viel schöner. Auf diese Weise haben wir nun schon ein eigenes Fahrrad.

Eines sonntagsabends klingelt es recht spät an unserer Tür. Ein fremdes Ehepaar ist durch den Türspion erkennbar. Es stellt sich alsbald heraus, dass es die Nachbarn aus der zweiten Etage sind, die sich bei uns vorstellen wollen. Das ist ein wenig unangenehm, denn sie bringen einen Kuchen und eigentlich obliegt das Vorstellen ja den »Neuen«, also uns. Das holen wir dann aber im ganzen Haus zwei Wochen später nach. Insgesamt wohnen zur Zeit drei weitere Mietparteien im Haus. Ein junges Paar in der sechsten Etage über uns, eine japanisch-amerikanische Familie mit einem Jungen in der Vierten sowie das bereits kennengelernte Ehepaar in der Zweiten. Dies sind übrigens die einzigen Nachbarn, die uns bei unserem Antrittsbesuch mit Überreichung einiger kleiner Berlin-Geschenke auch noch in die Wohnung bitten. Sie sind sehr freundlich und bieten ihre Hilfe an. Es handelt sich um ein koreanisch-amerikanisches Ehepaar. Von ihnen bekommen wir auch einige leckere Früchte, welche von ihrer eigenen Farm in den Bergen stammen. Zwischen Weihnachten und Neujahr wollen sie uns dorthin mitnehmen. Sie haben drei Kinder, von denen zwei noch im Haus wohnen. Die Tochter wird im nächsten Frühjahr für knapp eine Woche nach Berlin fliegen, um dort in einem Chor zu singen.

Alle Formalien sind in der Zwischenzeit erledigt. Wir besitzen nun einen japanischen Personalausweis und einen »re-entry permit«-Eintrag in unserem Reisepass. Damit steht einer mehrmaligen Ein- und Ausreise nichts mehr im Wege. Doch so schnell wollen und werden wir wohl gar nicht reisen. Auch im zweiten Monat gibt es nochmals eine echte Lohntüte. Das soll sich ändern, denn ein Kollege ist behilflich beim Ausfüllen eines sehr umfangreichen und ausschließlich in Japanisch gehaltenen Formulars zur Einrichtung eines Bankkontos. Notwendige Voraussetzung ist jedoch ein Namensstempel, ein sogenannter *hanko*. Er ersetzt die Unterschrift und kann für zahlreiche Dokumente verwendet werden. Im ersten Anlauf hat der Kollege leider das falsche Formular verwendet und darf sich daher erneut an die Bewältigung der Papierflut machen. Dann endlich ist das Werk vollbracht. Heute, nach etwa zweiwöchiger Bearbeitung, liegt das Formular wieder in der Post. Irgendetwas ist wohl nicht in Ordnung. Mehr lässt sich im Moment nicht sagen, da natürlich auch die Antwort ausschließlich auf Japanisch ist.

Die morgendliche Anfahrt zur Firma mit der Hankyu-Bahn kann durch die geschickte Auswahl bestimmter Züge etwas optimiert werden. So lässt sich zumindest zwischen gutem und schlechtem Stehplatz wählen. Erwischt man den richtigen Zug, hält dieser nicht an einem Bahnhof, an dem besonders viele Zeitgenossen einsteigen. Sowieso ist der »Limited Express« die schnellste Verbindung der Hankyu-Bahn, leider auch eine gefährliche. Diese Erfahrung musste gestern ein Kollege machen, der sich in einem Zug befand, durch den - wie man in Deutschland sagt - ein Fahrgastunfall verursacht wurde, wobei der Unfall vom Fahrgast ausging. Betritt man einen Zug, sei es morgens oder abends, sieht man immer wieder Fahrgäste (»Mitreisende«), die entweder völlig erschöpft aussehen oder gar schlafen. Dass Letzteres selbst im Stehen funktioniert, glaubt man erst, wenn man es mit eigenen Augen gesehen hat. Aber die Japaner haben es offenbar perfektioniert, sich bei der Fahrt zu entspannen. Und dennoch ist man, wenn man die Menschen mit den teilweise hängenden Köpfen beobachtet, gewillt ihnen zu sagen: Kopf hoch, so schlimm wird es doch nicht sein. Morgen ist doch auch noch ein Tag!

Die erste Projekt-Teilphase haben wir erfolgreich abgeschlossen. Die Kollegen aus der IT entpuppen sich als fleißige und zuverlässige Arbeitsbienen, während sich die Fachabteilung etwas zurückhält. Insbesondere ein Kollege scheint die Arbeit, die nicht unser Projekt betrifft, geradezu magisch anzuziehen. Und das, obwohl schon zweieinhalb Kollegen für ihn abgestellt sind (darunter zwei Abteilungsleiter), um ihn zu entlasten. Doch auch das lässt sich kompensieren, und so können wir mit dem Zwischenstand trotz alledem sehr zufrieden sein. Endlich sind wir auch in die neuen Projekträume in einer vollständig umgebauten Etage im fünften Stock gezogen. Diese besitzen trotz ihres Großraumcharakters einen westlichen Charme und bieten auch ein wenig mehr Platz als in dem vorherigen Projektraum; ja sogar eine Teeküche mit Stehtischen und einer Sitzecke. Alles erinnert entfernt an unsere Büros in Berlin.

Nach einer Einweihungsparty in der vorletzten Woche folgte gestern eine Jahresabschluss-Party in einem italienischen Restaurant in Osaka. Solche Abteilungsfeiern sind ganz typisch und sollen das vergangene Jahr vergessen lassen. Natürlich wird aber zuerst das Jahr kurz gedanklich Revue passiert, bevor dann einiges darüber hinweg gespült wird. Nicht allen bekommt es gleichermaßen, aber die Stimmung ist trotzdem gut und fast ein wenig ausgelassen. Dazu trägt nicht zuletzt ein

Bingospiel bei, bei dem ich jedoch nur einen Trostpreis davontrage.

Den zweiten Feiertag im November nutzen wir für einen kurzen Ausflug an das Meer. Die längste Hängebrücke der Welt ist in gut 40 Minuten sehr bequem mit der Bahn zu erreichen. Die Brücke namens Akashi-Kaikyo ist knapp vier Kilometer lang und verbindet die Awaji Insel mit der Stadt Maiko westlich von Kobe. Vor wenigen Jahren ist hier am Strand ein Outlet-Center entstanden, wo es viele Artikel namhafter Bekleidungshersteller zu moderaten Preisen gibt. Zudem lohnt ein Spaziergang entlang des Meeres und der überwältigende Blick auf die Brücke. Diesen Blick teilt man sich mit einer ganzen Heerschar von Anglern, die sich bei schönem Wetter hier niederlassen und tatsächlich auch etwas fangen. Einige Stellen an der Promenade zeugen im Übrigen noch von der ganzen Kraft des letzten Taifuns. Die Balustrade ist teilweise so umgeknickt, als wäre sie aus Pappmaschee.

Das zum Auftakt noch recht umständlich vom Verwalter erklärte Mülltrennverfahren hat sich zwischenzeitlich um zwei weitere auf sechs Trennarten erweitert. Das einfachste Verfahren ist und bleibt jedoch weiterhin, rechtzeitig zu beobachten, was die anderen Nachbarn zum Müll bringen. Zur Vereinfachung würde allerdings beitragen, wenn bereits in den Geschäften der

Verpackungskult reduziert würde. Die häufig anzutreffende Papiertüte wird beispielsweise bei Regenwetter nochmals mit einer Klarsichthülle zum Schutz vor Nässe überzogen. Selbstverständlich sind alle in der Papiertüte enthaltenen Waren vorher einzeln verpackt worden ...

Das nächste Abenteuer wartet bereits auf uns: Der erste Besuch beim Friseur. Die Wenigsten dieser Zunft sprechen englisch. Doch wachsen ja die Haare in jedem Falle wieder nach und außerdem soll es einschließlich Massage sein! Vor kurzem war es noch unsicher, ob die Kinder mitgehen können, denn zu allem Übel grassierten an der Schule eine ganz besondere Form von Haustieren; die lieben Kopfläuse. Doch wie durch ein Wunder und trotz der kleinen Klassen blieben beide Jungs davon verschont. Felix hat auf diese Weise bereits seinen ersten Krankenhausbesuch hinter sich, da er dort zur vorsorglichen Untersuchung war.

Jahr des Hahnes

Nicht nur die Uhren gehen in Japan anders: Still und leise kündigt sich zu Silvester das neue Jahr an; das Jahr 17 nach japanischer Zeitrechnung (»Ära«). Dies besagt, dass der jetzige Kaiser Akihito vor nunmehr 17 Jahren sein Amt angetreten hat. Kurz vor Weihnachten wird übrigens an einem Feiertag sein Geburtstag gewürdigt. Der einzige Feiertag unter den japanischen, der aufgrund seines kaiserlichen Einflusses wirklich beweglich ist.

Das Jahr 2005 ist indes das Jahr des Hahnes. Dies erinnert an ein Erlebnis ganz in unserer Nähe: Dort trafen wir vor einiger Zeit einen Japaner mit einem Huhn unter dem Arm. Das kommt so oft eigentlich nicht vor; schon gar nicht auf einem Bahnhof. Vielleicht war er zu einer Grillparty unterwegs. Wahrscheinlich aber eher nicht, denn das Huhn trug zu allem Überfluss eine Leine um den Hals. Wie letztens auch vor einem Kaufhaus, wo eine Japanerin mit einem Frettchen an der Leine unterwegs war. Am ehesten sind jedoch Hunde zu beobachten. Sorgsam begleitet von

Frauchen oder Herrchen, die häufig eine kleine Tüte verschämt mit sich herum tragen.

Hunde scheinen insgesamt sehr umsorgt zu werden. Fast immer tragen sie zu dieser Jahreszeit ein Kleidungsstück aus Wolle über dem Körper und sind damit meist wärmer angezogen als ihre Begleiter, manches Schulkind oder junge Damen, die einen dicken Pudel auf dem Kopf in Verbindung mit einem Minirock tragen. Hunde werden bestimmt im nächsten Jahr den Höhepunkt ihrer Popularität erlangen, dann nämlich beginnt das Jahr des Hundes.

Unser Weihnachtsbaum reicht in diesem Jahr fast bis knapp unter die Zimmerdecke, nadelt kaum, hat überall eine schöne Seite und war recht preiswert. Jedoch riecht er nicht nach Tanne und lässt sich auch nur in zwei Teilen transportieren; es ist nämlich ein Künstlicher. Das erste Mal seit unseren Kindertagen wird es keinen echten Baum mit Wachskerzen geben.

Wenigstens fiel die Kaufentscheidung leichter als sonst in Deutschland. Man kennt das ja: Meist ein regnerischer Tag und keiner hat so richtig Lust. »Schau doch mal diesen!«, »Ach, der ist unten viel zu dick und oben zu dünn.«, »Wir wollten doch diesmal einen größeren!« usw. Hier im Gartencenter eines japanischen Baumarktes in Kobe gibt es eine Woche vor Heiligabend etwa sechs echte, eher schlichte Tannenbäume (mit Wurzeln!) ab umgerechnet 50 Euro pro Stück aufwärts. Anschließend entdecken wir dann noch einige jener unechten Exemplare in der Haupthalle. Die meisten jedoch bereits komplett geschmückt und deswegen nicht unbedingt schöner. Letztendlich entscheidet dann der Preis, und wir ziehen mit dem einzigen ungeschmückten, aber künstlichen Weihnachtsbaum davon; eingepackt in zwei großen Plastiktüten.

Neben den vielen Leckereien, über die an anderer Stelle noch zu berichten sein wird, gibt es das ganze Jahr über in Japan sogenannte *mochis*. Frei übersetzt handelt es sich um »Klebreis«, gestampften Reis einer besonders weich kochenden Sorte. Traditionell wird dieser Reis heiß gedampft und dann in Steinbottichen mit großen Holzhämmern geschlagen. Neben dem »Schläger« werden noch fleißige Helfer benötigt, die nach jedem Schlag den Reisklumpen wenden. Dies ist nicht ganz ungefährlich, und manch einer hat sich dabei seine Hand verletzt.

Heutzutage werden *mochis* hauptsächlich maschinell hergestellt. Doch haben wir das große Glück, dass uns die Nachbarn aus der zweiten Etage zu einem kleinen Fest in den Bergen eingeladen haben. Dort sollen etwa 100 Kilo Reis traditionell und gemeinsam mit den Dorfbewohnern zu *mochis* verarbeitet werden. Denn nach dem Schlagen wird der Klebreis noch zu kleinen, flachen Bällchen geformt. Teilweise werden die fertigen *mochis* auch mit leicht süßlicher Bohnenpaste gefüllt. *Mochis* lassen sich aber auch in Saucen tunken oder in Suppen untermischen. Generell ist aber nicht nur die Herstellung gefährlich, sondern auch der Verzehr. Gerade gestern hören wir, dass in diesem Winter schon etwa 15 Menschen bei dem Verzehr von *mochis* ums Leben gekommen sind. Dies liegt wohl an der etwas zähen Konsistenz der Bällchen und an dem sprichwörtlichen »im Halse stecken bleiben«.

Für uns ist die Herstellung jedoch ein großes Erlebnis. Zudem gibt es zwischendurch noch eine Gemüsesuppe (*misu*) aus einem riesigen Kessel, der an den Zaubertrankkessel von Asterix erinnert. Sowohl dieser Kessel als auch der Reis werden mit Holz und Feuer erhitzt.

Das Fest findet in den Bergen statt, etwa eine Autostunde von Kobe entfernt. Hier sehen wir zum ersten Mal eine kleine Schneedecke auf den Feldern. Überhaupt sieht es zum ersten Mal so richtig nach Natur aus. Und was auch noch auffällt: Es ist ruhig! Manchmal bemerkt man ja die bereits erwähnte Beschallung gar nicht mehr. Doch sie ist allgegenwärtig. Selbst bei Ausflügen mit der Seilbahn in die Berge schaltet sich nur wenige Sekunden nach der Abfahrt eine freundliche Stimme vom Band ein und erzählt die Fahrt über viele interessante Dinge; nur leider auf Japanisch. Das Ganze wird untermalt von gleichförmiger oder sich ständig wiederholender Musik.

Doch am Neujahrstag und auch in den darauf folgenden Tagen ist es plötzlich auch in der Stadt still. Eigentlich beginnt die Stille für uns unerwartet schon in der Silvesternacht. Diese verbringen wir gut gelaunt mit einem befreundeten Kollegenehepaar und einem Klassenkamerad von Felix, dessen Mutter leider zu der Zeit im Krankenhaus war. Kurz nach Mitternacht können wir gerade 10-15 Raketen in süd-südwestlicher Richtung ausmachen. Sonst: Nur Ruhe! Wirklich? Nein, nicht ganz, denn in unserer Nähe, also quasi vor unserem Haus, setzt kurz darauf ein kleines Bodenfeuerwerk ein. Der geneigte Leser kann sich sicherlich vorstellen, wer die Urheber sind. Die deutsche Kolonie aus unserem Appartement. Dies bereitet den Kindern einiges Entzücken. Doch letztendlich haben wir es dem Klassenkameraden zu verdanken, der das Feuerwerk einst geschenkt bekam. Denn zu kaufen gibt es keines.

Seit Neujahr gehen täglich viele Japaner zu einem nahe gelegenen Shinto-Schrein. Dies geschieht jedoch eher aus traditionellen denn aus religiösen Gründen. Teilweise kommt es dabei in der Innenstadt von Kobe zu richtigen Menschenaufläufen. Erst vor Weihnachten war es dort besonders voll, als dort »Luminarie«

zu besichtigen war. Es handelt sich dabei um eine Licht-installation über und entlang eines langen Straßenzu-ges und eines anschließenden Parks. Nichts Weihnacht-liches, eher Orientalisches wird an den meterhohen In-stallationen gezeigt. Bereits zum zehnten Mal findet nun »Luminarie« statt. 1995 wurde es ins Leben geru-fen, um die Menschen, darunter viele Touristen, nach dem schweren Hanshin-Erdbeben vom 17. Januar 1995 wieder in die Stadt zu locken. Das »Luminarie« ist auch ein begehrtes Foto-Objekt. Hier wird wieder ein-mal deutlich, dass in Japan das Mobiltelefon die digi-tale Kamera schon längst verdrängt hat.

Die Schule hat Mitte Dezember ihre Türen geschlos-sen. Drei Wochen Ferien für die Jungs! Tags darauf fahren wir nach Yokohama, um die deutsche National-mannschaft im dortigen Fußballstadion anzufeuern. Es gelingt und sie gewinnt 3:0 gegen Japan. Beim Einlauf der deutschen Spieler wird Olli Kahn lautstark emp-fangen, er genießt seit der letzten Weltmeisterschaft hier ein hohes Ansehen. Vielleicht inzwischen mehr als in Deutschland. Als jedoch die japanischen Kicker ein-laufen, erreicht die Beschallungsmaschinerie einen neuen Höhepunkt. Ein ohrenbetäubender Lärm erfüllt das Stadion; sicherlich getrieben durch die Lautsprecher. Am nächsten Tag unternehmen wir noch eine Besichti-gung der Innenstadt. Eine Fahrt auf das höchste Ge-

bäude Japans (296 Meter) mit dem schnellsten Fahrstuhl der Welt (750 m/min.) wird mit einem wunderbaren Blick auf den Fuji-san belohnt. Gleichzeitig sieht
man eine Häuserwüste, die sich bis Tokyo erstreckt und
scheinbar gar nicht enden will.

Letzter Arbeitstag für Firmen-Mitarbeiter ist der
22. Dezember. Das Projekt ist weiter gut vorangekom-
men. Dabei bedarf es gelegentlich einiger kleinerer Son-
der-Schleifen, aber schließlich ist das kein unlösbarer
Knoten. Die Kollegen aus der IT treten in der letzten
Arbeitswoche den Rest ihres Sommerurlaubes an, was
regelmäßig betont wird. Ob das ein Zeichen ist? Nicht
jedes Zeichen lässt sich schließlich unmittelbar deuten. Kurz nach unserem Umzug in die schönen neuen
Projekträume wurden wir im November auf ein ganz
besonderes Zeichen aufmerksam; natürlich ein Akusti-
sches. Um Punkt 15 Uhr gongt es aus der zentralen
Lautsprecheranlage auf dem Werksgelände. Wenige Sekunden später fängt bei musikalischer Untermalung
ein Sprecher an zu zählen: »Eins, zwei, drei, . . .« (»ichi,
ni, san, . . .«). Und was sich schon ein wenig nach Turn-
übungen anhört, sind auch tatsächlich welche. Doch
wir wissen es nicht gleich zu deuten, denn niemand
scheint das zu beeindrucken. Es wird weitergearbeitet.
Erst später ist aus informierten Kreisen zu erfahren,
dass den Anweisungen des Sprechers wohl in der Pro-

duktion und im Hauptgebäude durch zwei ältere Damen tatsächlich Folge geleistet wird.

Die Ferientage verbringen wir hauptsächlich mit Kurzausflügen in die nähere Umgebung. Dabei besichtigen wir die sehr sehenswerte Burg Himeji, ein Weltkulturerbe, und die Stadt Nara, die als ehemals kultureller Mittelpunkt Japans gilt und ebenso wie Kyoto einst Hauptstadt war. Neben einem wunderbaren Park und Tempelanlagen, in denen sich unter anderem ein gewaltiger Buddha befindet, sind die Kinder von den freilaufenden und zahmen »Bambis« begeistert. Ein Neujahrsspaziergang auf einem Hochland unweit von uns im schönsten Neuschnee schließt die Tage ab.

Postfächer oder auch Schließfächer dienen der Aufbewahrung von Briefsendungen und dergleichen. Eine Sendung lässt sich herein und wieder heraus nehmen. Unser Briefkastensystem im Haus ist zweigeteilt: Normale Briefe landen in dem gewöhnlichen Hausbriefkasten. Größere Briefe, Päckchen und Pakete werden dagegen vom Postboten in einen von vier besonders großen Kästen neben der Briefkastenanlage gelegt und mit Hilfe eines Zahlencodes, den der Bote sich ausdenkt, verschlossen. Dieser Zahlencode wird auf einem Zettel vermerkt und in den Hausbriefkasten des Empfängers gesteckt. Soweit so gut. Eigentlich ein praktisches System, bei dem man für eine reibungslose Zustellung nicht einmal zuhause sein muss. Unterläuft allerdings in diesem Ablauf ein winzig kleiner Fehler, passiert das, was uns widerfährt: Man steht vor dem Kasten und kommt doch nicht daran. Beim Notieren des Zahlencodes war dem Postboten offenbar eine gewisse Ungenauigkeit passiert. Die Zahlen stimmten einfach nicht. Ein Nachbar wusste keinen Rat und konnte nur mit der Auskunft weiterhelfen, dass dem Postboten gelegentlich mal ein Fehler unterläuft. Der Hausverwalter versteht zunächst das Problem nicht und beginnt eine Grundsatzdiskussion über Briefkästen. Dennoch kommt er persönlich vorbei, natürlich ohne Ergebnis. Das Einfachste, nämlich ein Schlüssel für solche Fälle, wurde erst entdeckt, nachdem einen Tag später die Briefkastenfirma drei Mitarbeiter vorbeischickte und gemeinsam mit dem Postboten diskutiert wurde. Der Schlüssel fand sich dann übrigens schräg gegenüber hinter einer Tür, also in knapp zwei Meter Luftlinie Entfernung.

Frühlingsboten

Nach altem japanischen Kalender beginnt am 2. Februar der Frühling. In der Deutschen Schule brach er diesmal bereits früher aus. Was war geschehen? Mitte Januar stellt sich ein, was lange gemunkelt wurde. Der Klassenraum der zweiten Klasse, der größte seiner Art in der Schule, soll einen frischen Anstrich erhalten. Der Alte hat einen Stand erreicht, wo selbst ein Restaurator Mühe hat, die ursprüngliche Farbe zu erkennen.

Hier zeigt sich der ganz private Charakter einer Privatschule: Mit einer Woche Vorlauf werden alle Eltern der Klasse zum Streichen aktiviert, zuvor bereits zur Auswahl und Beschaffung der Farbe. Der Klassenraum wird dagegen von der Schule bereitgestellt. Nach zwei langen Nächten Vorbereitung durch einige Auserwählte rückt dann Sonnabendvormittag die Malerkolonne an; das lustige Streichen der acht Väter beginnt. Zuvor begrüßt mich der Schulleiter am Eingangstor mit dem Hinweis, dass dies alles auf Elterninitiative entstanden sei und vor allen Dingen die Farbe nicht von ihm ausgewählt wurde.

Dennoch oder gerade deswegen wird *ein* Anstrich in frühlingsfrischer, gelber Signalfarbe nicht als ausreichend empfunden. Die notwendige Trockenzeit zwischendurch wird mit einem Basketballmatch auf dem Schulhof überbrückt, so dass man am nächsten Tag kaum noch weiß, ob die Knochen mehr vom Über-dem-Kopf-Streichen oder vom sportlichen Zwischenspiel schmerzen. Nach dem zweiten Anstrich wird die Klasse komplett wieder eingeräumt. Das Werk ist vollbracht. Eltern mit einem Kind können sich bei der Bemerkung des Schulleiters freuen, dass diese Initiative ein vorbildliches Beispiel für andere Klassen sein sollte. In diesem Moment empfindet man es als besonders schmerzhaft, zwei Kinder zu haben.

Das erste Schulhalbjahr ist nun vorbei, insbesondere Felix hat jetzt wieder etwas Luft zum Durchatmen. Die letzten Wochen waren mit vielen Hausaufgaben und Arbeiten gespickt, und oftmals saß er noch bis spätabends. Simon hingegen litt eher unter zu wenig Auslastung, was bei ihm die Tendenz zur Unausgeglichenheit nach sich zieht. Felix ist mit seinem Zeugnis zufrieden und hat ein paar Lernfelder, auf die er sich im zweiten Halbjahr konzentrieren will. Simon hat dagegen noch keine Noten bekommen, dafür erhalten alle Eltern der zweiten Klasse Besuch von dem Klassenlehrer. In einer sehr privaten Umgebung werden hier also die Elterngespräche geführt. Nächste Woche startet die fünfte Klasse zu ihrer zweiten Klassenfahrt, einer viertägigen Skifahrt. Alle Beteiligten sind entsprechend aufgeregt.

Aufregend war sicherlich auch der erste Rosenmontag in Japan: Karneval in Kobe! Nicht ganz, denn wahrscheinlich gibt es nur ganz wenige Anhänger dieser fünften Jahreszeit in Japan. Demzufolge ist es entsprechend schwierig, ein Kostüm für die Kinder zu bekommen. Wenigstens konnten sie es zweimal tragen, denn auch ein Kindergeburtstag wurde zum Faschingsfest erklärt.

Mitte Januar versuchen wir, unsere persönliche Landkarte zu erweitern und auch Osaka ein wenig mehr zu erkunden. Zunächst betrachten wir die Stadt von oben, und zwar vom Umeda Sky Building. Jenem Gebäude, in dessen Innenhof der »Heidelberger Weihnachtsmarkt« stattfand. Leider ist gerade die Sicht an diesem Tag alles andere als schön. Eine Woche später spielt das Wetter bei der Besichtigung des Osaka Castles jedoch mit: Bei sonnigem Wetter erkunden wir das mitten in der Stadt gelegene Schloss. Wie viele der Sehenswürdigkeiten ist es sehr bequem mit den öffentlichen Verkehrsmitteln zu erreichen.

Das etwas erhöht liegende, von Mauer und Wassergraben umgebene Schloss bereits in Sichtweite, weichen wir kurzfristig von unserem Weg ab und gelangen in einen kleinen Park. Dabei fällt eine kleine Gruppe von älteren Fotografen auf, die sich verbotenerweise über die Gehweg-Absperrungen hinweg gesetzt hat und einen im Ansatz blühenden Pflaumenbaum fotografiert. Was zunächst als Kleingruppe erscheint, entpuppt sich als Massenphänomen je weiter wir gehen. Heerscharen von Fotografen sind hier unterwegs, um die ersten Boten des Frühlings festzuhalten. Überall wird technisch ausgefeiltes Fotomaterial auf Stativen in Richtung Frühling positioniert, gleichsam wie die Schar der Pressereporter im Berliner Olympiastadion hinter dem Tor der Auswärtsmannschaft. Das nicht gerade kleine Objektiv der eigenen Kamera schrumpft dabei emotional auf Fingerhutgröße. Wieder auf dem richtigen Weg angelangt, erreichen wir den fünfstöckigen Hauptturm des Schlosses, der ein Wiederaufbau von 1931 ist und im Gegensatz zu dem Schloss in Himeji sogar einen Fahrstuhl besitzt. Der Turm erlaubt einen schönen Blick auf die Stadt und den umgebenden Park, in dem viele Gaukler ihre Künste darbieten.

Ende Januar können wir auch die erste Phase unseres Projektes erfolgreich abschließen. Zuvor geht es jedoch um eine personelle Weichenstellung. Im Hinblick auf die kommende Phase sollen externe japanische Berater zur Verstärkung des Projektteams ausgewählt werden. Aus der ersten groben Auswahl sind nur zwei

Firmen übrig geblieben, welche Mitarbeiter zu den gewünschten Fachgebieten sowie sprachliche Fertigkeiten im Englischen anbieten. Zur besseren Vergleichbarkeit der fünf angekündigten Kandidaten erarbeiten wir einen Fragenkatalog, der nicht allzu leicht, aber auch nicht zu speziell erschien. In Japan ist es offenbar noch nicht üblich, individuelle Gespräche mit den Bewerbern von Beratungsfirmen zu führen. Obwohl uns die gestellten Aufgaben lösbar erscheinen, werden wir doch überrascht: Ein Großteil der Kandidaten kann weder fachlich noch sprachlich mithalten; unangenehme Gespräche für beide Seiten. Selbst bei einer Zusatzfrage, die ganz allgemein auf gesetzlichen Anforderungen zielt und bei der fast jede Antwort möglich ist - denn wir kennen ja nur wenige - wird gepatzt. Entschieden haben wir uns für eine Beraterin mit sehr guten Englisch-Kenntnissen, die teilweise schon vorher im Projekt mitgearbeitet hat.

Seit gestern wissen wir, wie der Landstrich jenseits der längsten Hängebrücke der Welt Akashi-Kaikyo aussieht. Diesseits kannten wir bereits den Strand von Maiko und insbesondere Tarumi mit seinem Outlet-Center. Nun sollte uns ein Expressbus zur Blüte der Osterglocken über die Brücke auf die Awaji-Insel bringen. Sie liegt von Kobe aus südwestlich zwischen der beiden Hauptinseln Honshu und Shikoku. Bei der Erkundung der richtigen Bushaltestelle treffen wir wie immer auf eine ganze Reihe von Ordnungs- oder Hilfs- kräften. Diese sind häufig anzutreffen, insbesondere dort, wo viele Menschenmassen geregelt werden müs- sen. Im Gegensatz zu Deutschland ist man daher vie- lerorts nicht auf sich alleine gestellt. Das ist vorteil- haft, wenn man Hilfe braucht; anstrengend, wenn man mal seine Ruhe haben möchte.

In diesem Fall geraten wir an einen netten älteren Herrn, der uns zudem mit einem perfekten Englisch überrascht. Wir erhalten die gewünschte Auskunft und werden in ein Folgegespräch verwickelt. Denn meistens erkundigen sich Japaner gerne nach dem Land, aus dem der nicht japanische Gesprächspartner kommt. Und so erfahren wir aber auch, dass der freundliche Herr einst Chemie studierte, ein großer Fußballfan ist, der natür- lich Oliver Kahn kennt, und Japan diese Woche gegen Korea gewonnen hat. Warum er diesen Hilfsjob jetzt versieht, bleibt jedoch offen. Er empfiehlt uns schließ- lich ein ganz bestimmtes Ziel auf der Insel, rät uns wegen der besseren Sicht zu einem Fensterplatz auf der linken Seite und verabschiedet uns winkenderweise bei der Abfahrt.

Der Bus bringt den Großteil seiner Passagiere zu ei- nem sehr modernen Gebäudekomplex, dem Westin Hotel Awaji, im nördlichen Teil der Insel. Dieser Bau sowie die angrenzenden Gebäude und die dazugehörigen Parkanlagen sind etwa knapp 10 Jahre alt und erinnern in ihrer optischen Erscheinung irgendwie an die Moderne des Kanzleramtes in Berlin; in japanischen Dimensionen versteht sich. Heller, glatter Beton, weite Flächen, teils oval, teils eckig und zwischendurch immer wieder die Leichtigkeit von Wasser und Glas. Blumenterrassen liegen oberhalb der Anlage. Der Weg führt uns entlang zahlreicher Gänge erst durch das Hotel und dann unterhalb eines künstlichen Wasserfalls bis zu einer Art Biosphäre: einer dauerhaften Blumenhalle mit wechselnden Ausstellungen.

Wir erleben noch einen der letzten Tage einer Orchideenausstellung, die zahlreiche überaus schöne, exotische Exemplare zeigt. Nach dem Verlassen der Halle entdecken wir den großen, ebenfalls wohl zur gleichen Zeit entstandenen Akashi Kaikyo Park, der in seiner Gepflegtheit einer Bundesgartenschau gleicht. Die Kinder wiederum entdecken darin zwei Spielplätze, womit sich der weitere Fortgang der Geschichte leicht vorstellen lässt. Im Übrigen haben wir auf der Fahrt nur eine Handvoll der ursprünglich erhofften Osterglokken entdeckt.

Etwas lang Versäumtes gilt es noch nachzuholen: Der abschließende Bericht über die Einrichtung des Bankkontos bei einer der größten Banken Japans. Den ersten Anlauf mit einem aufwändigen Papierformular mit mehreren Durchschlägen, welches ein Kollege mühsam ausgefüllt und abgeschickt hatte, konnte man als durchaus misslungen bezeichnen. Nach zweiwöchiger Bearbeitung kam das gesamte Papierwerk zurück. Wie sich herausstellte, brachte hier wiederum eine Winzigkeit den standardisierten Ablauf zum Erliegen. Der zweite Vorname, vermerkt im Reisepass, war nicht auf dem Formular eingetragen und schon wurde an der Übereinstimmung und Identität von Antragsteller und Passinhaber gezweifelt.

Nun gut, vielleicht ist die Bearbeitung solcher schriftlicher Anträge in einer besonders strengen Abteilung der Bank angesiedelt. Von dem erneuten Ausfüllen des Formulars wurde Abstand genommen. Ursache: Aussichtslosigkeit. Denn inzwischen hatten alle deutschen Kollegen aus ganz unterschiedlichen Gründen ihren Antrag zurückbekommen. Es machte sich daher ein persönlicher Besuch bei der Bank erforderlich, was gerade durch den schriftlichen Antrag vermieden werden sollte. In der überfüllten Filiale ging es dann aber doch irgendwie voran. Gegen Ende des Bearbeitungsprozesses wurde es noch einmal kritisch: Der japanische Personalausweis war vorzulegen. Der zweite Kollege hatte ihn zu diesem Zeitpunkt noch nicht und legte daher seinen deutschen Reisepass vor. Dies führte dann doch zu Irritationen. Ein anderes Dokument zu persönlichen Identifikation wurde benötigt und schließlich auch gefunden. Die Monatskarte der Hankyu-Bahn, ganz ohne Foto oder sonstige offiziöse Bestätigung reichte aus, um das Konto einzurichten. Welch ein Kontrast zur gestrengen Abteilung, die auf die Vollständigkeit sämtlicher Vornamen achtet!

Morgen gibt es einen unausweichlichen Termin: Der zweite Friseurbesuch. Warum es erst der Zweite ist, hat letztendlich verschiedene Ursachen: Auf der einen Seite war es bisher eigentlich nicht notwendig, schließlich waren die Haare nach dem ersten Mal lange Zeit noch kurz genug, auf der anderen Seite versucht man natürlich mögliche Missverständnisse gerade beim Friseur tunlichst zu vermeiden. Das Ersteres vielleicht das Ergebnis des Zweiten ist, magt sicher schwierig darzustellen sein.

Die Anmeldung führte heute jedenfalls schon wieder zur Belustigung des Friseurteams mit dem bezeichnenden Namen »Flower«, was im Kern aus drei Kräften besteht: Dem Friseur, dem Masseur und der Hilfskraft. Es sei angemerkt, dass männliche und weibliche Rollen interessant verteilt sind. Eine einfache und schlichte Hierarchie liegt dem zugrunde. Der einzige junge Mann in dem Salon ist die Hilfskraft, die beiden jungen Damen sind Friseuse und Masseuse. Massiert wird dabei der Kopf, Nacken und die Schultern. Aufgrund des englischen Prospektes hatten wir bei dem ersten Besuch eine ebensolche Verständigung erhofft. Diese kam leider nicht zustande, und so kam es, dass wir eben länger nicht zum Friseur gegangen sind. Das Echo von dritter Seite war insofern sehr unterschiedlich, daher wagen wir es nun ein zweites Mal.

Deutschlandjahr

Anfangs zierte er sich noch ein wenig, doch nun, nachdem bereits die ersten Sonnenschirme für den Handgebrauch im Handel erhältlich sind, scheint es amtlich: Der japanische Frühling ist da. Überall grünt und blüht es in kräftigen Farben. Auch die Japaner, die sich zum Jahreswechsel mit einem Schlag auf Winterkleidung umgestellt hatten, halten es wieder etwas luftiger. Für viele junge Damen sowie Schüler und Studenten ist das jedoch keine große Umstellung. Bei Ersteren bleibt der Pudel ab sofort zu Hause, der Minirock dagegen an. Schüler und Studenten tragen fast ausschließlich Schuluniformen, die meist nur durch einen Schal und eine Jacke ergänzt werden. Eine kurze Hose oder ein kurzer Rock bilden auch im Winter das einzige Beinkleid.

Ein recht spektakuläres Ereignis findet jährlich Anfang März statt. In Nara, einer etwa 710 gegründeten Stadt östlich von Osaka, wo uns vor einigen Monaten schon die zahmen Rehe und Hirsche begleiteten, wird eine Woche lang jeden Abend nach Sonnenuntergang eine Art Feuerzeremonie begangen. Ort des Geschehens ist der Nigatsudo-Untertempel. Um einen guten Blick zu erlangen, brauchen wir uns nur nach der Heerschar der allseits präsenten Fotografen zu richten. Mitten im dichten Gedränge gesellt sich ein englisch sprechender Japaner neben uns, der kurz den Ablauf schildert: Zehn knapp vier Meter lange Bambusstangen werden an der Spitze entflammt und nach und nach den kurzen, aber steilen Hang zum Tempel hinauf gebracht. Dort angelangt, werden sie - immer noch lodernd - zunächst an der linken Ecke über die Balustrade hinausgehalten. Unter lauten »Ahhs« und Ohhs« wird die Bambusstange anschließend in Windeseile auf die rechte Seite der Balustrade gebracht und wieder hinausgehalten. Wer von der umherwehenden Asche berührt wird, so sagt man, dem ist für ein Jahr ein gesundes Leben sicher. Dass dies nicht ganz ungefährlich ist, davon zeugen Hilfskräfte unter der Balustrade, die bemüht sind, heruntergefallene brennende Stücken sofort zu löschen.

Etwa einen Arbeitstag verbringt man wöchentlich auf der Wegstrecke Kobe (Mikage) nach Osaka (Mikuni) für den Weg von und zur Arbeit in der Bahn. Eine Linie der bereits erwähnten privaten Hankyu-Bahn. Sie ist im Allgemeinen sehr pünktlich und man sieht morgens gewöhnlich dieselben Menschen in den Schlangen stehen wie die Tage zuvor. Je größer der Bahnhof, desto länger sind die Schlangen. Diese bilden sich nach einem einfachen Prinzip, das keineswegs dem Zufall überlassen ist. Auf dem eigenen Bahnsteig oder unterhalb der gegenüberliegenden Bahnsteigkante befinden sich Markierungen, die exakt die Positionen der Wagentüren anzeigen. Eine quasi lokale und vereinfachte Fassung der deutschen Wagenstandsanzeige, die sich allerdings nur auf Fernbahnhöfen findet. Hier beginnt - in Einer- oder Zweier-Reihen - die Aufstellung der Fahrgäste. Nachdem man dieses Prinzip verstanden hat und froh ist, sich hinten anzustellen, kommt unweigerlich der Tag, an dem man selbst der erste in der Reihe ist. Banges Warten. Welch' erhebendes Gefühl als sich dann, wie selbstverständlich, der erste Japaner hinter sich reiht. Man wird also als gleichwertiger Fahrgast anerkannt!

Nebenbei bemerkt ist das Prinzip der Reihenbildung bei der Hankyu-Linie wesentlich einfacher als bei der staatlichen JR-Bahn. Dort gibt es aufgrund unterschiedlicher Wagenlängen und demzufolge unterschiedlicher Türabstände eben auch unterschiedliche Markierungen zum Aufstellen. Die Abfahrtstafeln zeigen daher die zu wählende Markierung regelmäßig mit an.

Die morgendliche Anfahrt mit der Hankyu-Bahn ist wie auch in Berlin ruhig, es wird sehr wenig gesprochen. Das trifft jedoch nur auf die Fahrgäste zu. Neben dem Fahrer im ersten Waggon befindet sich ein zweiter Bediensteter im letzten Waggon. Gemeinsam mit dem Fahrer beaufsichtigt er das Ein- und Aussteigen der Fahrgäste. Außerdem sorgt der Beifahrer für die Unterhaltung während der Fahrt und vollbringt einige, kleinere Ordnungsdienste. Zur Unterhaltung gehört, dass er nach der Abfahrt vom Bahnhof die Fahrgäste begrüßt, sich für die Mitfahrt bedankt, sämtliche Stationen bis zum Zielbahnhof ansagt und kurz vor der Einfahrt in den nächsten Bahnhof auch dessen Namen durch die Lautsprecher preisgibt. Eigentlich interessiert das niemanden so wirklich und wahrscheinlich nehmen die meisten die Berieselung auch gar nicht mehr wahr. Und doch ist es erstaunlich, dass kein Band abgespielt wird, sondern wahrscheinlich bis zur Heiserkeit alles persönlich im O-Ton wiederholt wird. Zu den kleineren Ordnungsdiensten gehört zum Beispiel, während der Fahrt den Fahrgästen das Benutzen des Mobiltelefons im letzten Waggon zu untersagen. Dazu verlässt der Bedienstete sogar sein Kabäuschen, um zur Tat und in das Wageninnere zu schreiten.

An größeren Bahnhöfen gibt es eine Art Manager, vielleicht würde man Bahnhofsvorsteher dazu sagen. Mit einem Fähnchen ausgerüstet, beobachtet er das bunte Treiben auf dem Bahnsteig. Sicherlich organisiert er hier und da auch das Ein- und Aussteigen, also den normalen Fahrbetrieb. Seine finale Tätigkeit liegt jedoch bei der Abfahrt in einer Verbeugung in Richtung des Zuges. Nicht ganz tief, aber immerhin deutlich erkennbar. Doch, fragt sich der Beobachter, warum tut er dies? Verneigt sich der Manager vor den Fahrgästen, der Technik oder der Pünktlichkeit? Man weiß es nicht genau. Ähnliches ist auch bei der JR-Linie zu beobachten, wo der letzte Mann, eben jener Bediensteter im letzten Waggon, während der Fahrt sogar von Waggon zu Waggon marschiert und sich beim Wechsel in den anderen Waggon vor den anwesenden Fahrgästen verbeugt.

Dass in Japan das »Deutschlandjahr« Einzug gehalten hat, bekommt man erst nach und nach mit. Dabei ist dies schade, denn dieses Jahr bringt viele hochkarätige Veranstaltungen mit sich. So waren wir im Februar in der Symphonie Hall in Osaka bei einem Konzert mit Werken von Beethoven und Mahler, dass von Daniel Barenboim dirigiert und musikalisch begleitet wurde. Ein Hochgenuss, der uns in Berlin mangels Zeit bisher nicht zuteil wurde. Ein weiterer Höhepunkt ist eine Ausstellung von knapp 250 Einzelstücken der Staatlichen Kunstsammlung Dresden, die seit Anfang März für zwei Monate in Kobe zu besichtigen ist.

Zur Einführung der Ausstellung gibt es vorab einen Vortrag an der Deutschen Schule. Dieser wird von dem

Leiter des Dresdener Kupferstichkabinetts sehr lebhaft und interessant gehalten. Insgesamt bedurfte es einer zweijährigen Vorbereitungsphase, bis diese Ausstellung zustande kam. Kontakte mit japanischen Museen und Sponsoren gab es schon zu früheren Anlässen und haben sich sehr bewährt. Eine breite Palette an großartigen Gemälden, Schmuckstücken, Porzellan, Waffen und sonstigen mechanischen Instrumenten ist zu bewundern. Einen kleinen Einblick davon sowie zur Geschichte Dresdens bietet nun der Vortrag, der einige Tage später auch noch in der Firma wiederholt wird. An der Schule werden die anwesenden Kinder geschickt in den Bann gezogen, die dem Vortragenden dafür ordentlich viele Löcher in den Bauch fragen. Natürlich werden auch viele Fragen zum Wiederaufbau von Dresden und der Flutkatastrophe vor einigen Jahren gestellt. Wie durch ein Wunder gab es bei der Flut jedoch keine nennenswerten Schäden an Kunstgegenständen. Bis auf ein zu großes Gemälde konnte alles rechtzeitig gerettet werden. Doch auch für dieses fand sich schließlich eine fast japanische Lösung: Wie eine Spielzeugeisenbahn wurde es unter die Decke gezogen und die Flut blieb tatsächlich etwa 20 cm vor dem Erreichen der Decke stehen.

Befragt nach dem sehr aufwändigen Transport der Kunstwerke wusste der Leiter des Kupferstichkabinetts von der Präzision und Geschicklichkeit der japanischen Kollegen zu berichten. Im Gegensatz dazu herrschten in Europa vor einigen Jahren noch ganz andere Bedingungen. Als junger Konservator hatte er persönlich einen Raffael nach Rom zu bringen. Eine Notlandung der italienischen Maschine erzwang eine Zwischenlandung in Florenz, wo er den Zoll - ganz und gar unüblich - mit dem Raffael unter dem Arm passierte. Da es wiederum keinen Ersatzflug gab, fuhr er schließlich mit dem wertvollen Gemälde in einem gewöhnlichen Überlandbus zwischen Obst beladenen Italienern nach Rom.

»Wer Hiroshima besucht hat, wird sein Leben lang die Friedensbotschaft weitertragen in die Welt«, schrieb Richard von Weizsäcker vor zehn Jahren in das Gästebuch des Peace Memorial Museums in Hiroshima. Nun jährt sich in diesem Jahr der sechzigjährige Jahrestag des Abwurfes der Atombombe. Ein verlängertes Wochenende bietet Anlass für einen Besuch dieser Stadt, bei der Betroffenheit und Schönheit so dicht nebeneinander liegen. Etwa 500 Meter über der Innenstadt detonierte am Morgen des 6. August 1945 die verheerende Bombe. Die Stadt verliert in diesem Moment ihr Gesicht und ihr Leben. Nur wenige Gebäude bleiben unter dem Druck der Explosion und der Hitze stehen. Eines davon ist der sogenannte Atombomben-Dom, nur einige 100 Meter vom Hypozentrum entfernt. Es gehört inzwischen zum Weltkulturerbe der UNESCO und zeugt bis heute als bleibende Ruine von der Zerstörung der Stadt, die nach menschlichem Ermessen kaum vorstellbar ist.

In der Stadt selbst verkehren mehrere Straßenbahnlinien. Eine davon bringt uns an den Hafen. Von dort geht es in 20 Minuten mit dem Schiff nach Miyajima, einer Insel südwestlich vor den Toren Hiroshimas. Ihren besonderen Reiz erhält die Insel durch den auf Pfählen errichteten Itsukushima-Schrein und das den Schreinbezirk markierende zinnoberrote *torii* (Shinto-Tor). Ein Taifun im September letzten Jahres hat etliche Schäden hinterlassen, die bis jetzt noch repariert werden. Die Rehe und Hirsche sind auf dieser Insel im Übrigen noch dreister als in Nara. Sie machen weder Halt vor Zeitungspapier, auf das sich ein japanisches Pärchen niedergelassen hat, noch vor Mülltonnen, in die sie den Kopf so tief hineinstecken, als würde sich am Ende eine oder mehrere Delikatessen verbergen.

Immerhin weiß das Tier offenbar, *worein* es den Kopf stecken muss. Denn das Müllsystem bleibt in Japan noch immer ein Rätsel. In der Firma beispielsweise ist der Müll von den Angestellten selbst getrennt zu sortieren und der Eimer zu entleeren. Nebenbei bemerkt sind auch die Schreibtische eigenhändig zu säubern. Generell hat man sich schon darauf eingerichtet, Müll, der sich unterwegs ansammelt, mit nach Hause zu nehmen. Es fehlt einfach an der Gelegenheit, ihn loszuwerden. Neben dem öffentlichen System zur Abholung des Mülls, der hierfür an bestimmten Stellen an den Straßenrändern und -ecken gesammelt wird, hat sich offenbar noch ein privates ganz speziell für Aludosen etabliert. An den Tagen, an denen diese Dosen zusammen mit Plastikflaschen und Glas gesammelt werden, sind verschiedentlich Fahrradfahrer unterwegs, die an jedem Müllhaufen halt machen und in den Plastiksäcken beginnen herumzukramen; mit dem Ergebnis, dass sie ausschließlich Aludosen herausfischen und handgepresst in den eigenen Müllsack verfrachten. Das kann dazu führen, dass ein Fahrrad am Ende der privaten Sammelaktion vorne und hinten dermaßen schwer mit jeweils einem Sack voller Aludosen beladen ist, dass einem verkehrstechnisch Angst und Bange wird. Zumal der Fahrstil eher als sportlich zu bezeichnen ist.

Aus gegebenem Anlass eines vierzigjährigen Jubiläums führt uns eines Sonntags ein von Christiane konspirativ geplanter Überraschungsausflug nach Kyoto. Es wird ein wunderschöner Tag mit handverlesener und gut vorbereiteter Führung durch einen deutschen Kollegen. Ein Tag, der schließlich im Schnee endet, aber wie gesagt, der Frühling zierte sich noch ein wenig. Hierzu passt auch, dass sich Anfang Februar die Erde in

Kobe während der Nacht erstmals ein wenig spürbar schüttelte.

Nutella

»Wer bist du?« heißt die erste Frage von »Kimikos Ausflügen ins deutsche Leben«. Seit April gibt es eine Neuauflage eines deutschen Sprachkurses für Japaner vom Sender NHK im Fernsehen und Rundfunk. Auch andere Sprachkurse wie z. B. Englisch oder Spanisch sind ebenfalls sehr populär und werden mit kleinen, monatlichen Büchern im Paperback-Format unterstützt. Kimiko begleitet dabei den Zuschauer mit einigen Interviews, wo neben der Frage: »Wer bist du?« auch die Fragen: »Was ist das?« »Wer ist das?« und »Was macht er gern?« gestellt werden. Bezeichnenderweise spielt gleich die zweite Szene vor einem Gericht in Deutschland, wo es um einen Vollkaskoschaden aufgrund grober Fahrlässigkeit geht. Vielleicht ist dies aus japanischer Sicht eine deutsche Besonderheit, gibt es doch alleine in Bayern mit knapp 22 000 Zulassungen so viele Anwälte wie in Japan insgesamt.

Vieles wird hier einvernehmlich geregelt. Vielleicht sollte man eher sagen: Vieles wird oder besser noch: ist geregelt. Ob einvernehmlich oder nicht, ist eine ganz andere Frage. Immer dann, wenn es eng wird, bedarf es gewisser Regeln. Von den Wartenden am Bahngleis wurde schon berichtet. Ein anderes Phänomen betrifft die vielen Fahrräder. Insbesondere vor Bahnhöfen findet sich eine Vielzahl dieser Zweiräder, und auch wenn sie häufig mit dem in gleicher Richtung geneigten Lenker abgestellt werden, was ästhetisch gefällig wirkt, stehen sie grundsätzlich an der falschen Stelle; verstoßen also gegen eine Regel. Aus diesem Grunde wurden kleine Fahrrad-Parkhäuser an den Bahnhöfen errichtet, wo für umgerechnet 70 Cent das Fahrrad unter Aufsicht, meist auch übereinander, für einen Tag abgestellt werden kann. Postiert man das Fahrrad dagegen am falschen Platz, ist in erster Stufe mit einer Verwarnung und in zweiter Stufe mit dem Abschleppen zu rechnen. Ersteres ist Christiane bereits passiert, vom zweiten Fall blieben sie und das Fahrrad bisher verschont. Wer wüsste schon, wo der Sammelplatz ist, und für welchen Preis es auszulösen ist?

Die Wetter-Auguren waren wochenlang mit einer zentralen Frage beschäftigt: Wann findet die *sakura*, die Kirschblüte statt? Dass diese Berechnung nicht ganz einfach ist, war selbst kürzlich in der deutschen Presse nachzulesen. Und endlich, vor zwei Wochen war es nun soweit. Binnen Kürze zeigten sich aufgrund der warmen Witterung sämtliche Kirschblüten in ihrer vollen, weißen Pracht. Selbst der »Weiße Riese« wäre dabei blass geworden. Das überwältigende an der Kirschblüte ist sicherlich die Vielzahl der Kirschbäume und die kurze Zeit des Ereignisses. Ganze Straßenzüge, Bahndämme und Flussbetten wirken durch die Kirschbäume festlich geschmückt. Gerne nehmen die Japaner dies alljährlich zum Anlass, die Blüte zu bestaunen, fotografieren und sich zum Picknick darunter niederzulassen. Letzteres wird *hanami* genannt. Zu diesem Zweck ziehen bunt gemischte Gruppen mit blauen Plastikplanen, Essen und Trinken nach draußen, um den Frühling zu begrüßen. Teilweise wird gegrillt wie im Berliner Tiergarten, jedoch ist dies nicht überall erlaubt. Insbesondere an Flussbetten hat man das Gefühl, sich auf einem riesigen Volksfest zu befinden. Ein geplantes *hanami* für unser Projekt muss leider ausfallen, da sich genau an diesem Tag Regenschauer ergossen.

Externe Firmenkontakte sind im Rahmen des Projektes eher die Ausnahme. Doch zweimal fand eine Präsentation in einer Niederlassung einer deutschen Softwarefirma in Osaka statt. Zur besseren Verständlichkeit für die japanischen Kollegen wurden die Präsentationen jeweils auf Japanisch abgehalten; für die Deutschsprachigen unter uns erfolgte dann eine englische Zusammenfassung. Da dies auch für die Niederlassung der Softwarefirma der erste Kontakt mit uns war, erfolgten zu Beginn die üblichen Begrüßungszeremonien, die sehr durch das Austauschen der Visitenkarten geprägt waren. Doch noch beeindruckender war die Verabschiedung. Nachdem diese bereits im Raum der Präsentation erfolgt war, wurden wir dann von der ganzen Delegation bis zum Fahrstuhl geleitet und dort nochmals beim Schließen der Fahrstuhltür mit einer wirklich eindrucksvollen Verbeugung in Richtung Erdgeschoss entlassen. Kunden und Geschäftsbeziehungen spielen eine große Rolle.

Seit Mitte November letzten Jahres findet zweimal wöchentlich je eine Stunde ein japanischer Sprachkurs statt. 25 Stunden sind seither vergangen. Die Fortschritte können, positiv ausgedrückt, als konstant bezeichnet werden. Auch gleichartige Mikroschritte führen schließlich zum Ziel. Doch bleibt die Zeit zur Beschäftigung zu kurz, und das Wochenende bietet auch noch andere Optionen, als Vokabeln und Grammatik zu vertiefen. Und doch hilft der Sprachkurs bei der Verständigung im Kleinen. Auch die japanischen Kollegen freuen sich, wenn wir wieder einmal eine neu gelernte Vokabel anwenden. Dabei fällt es dann jedoch schwer, den Satz zu parlieren, den sie freundlicherweise anschließen. Da aber auch zwei japanische Kollegen den anfangs erwähnten Deutschkurs wahrnehmen, können wir uns über neu Erlerntes regelmäßig austauschen.

Das Osterfest kommt in diesem Jahr fast überraschend und unerwartet. Während zu Weihnachten noch eine gewisse Wahrnehmung aufgrund des geschäftigen Treibens in den Einkaufspassagen möglich war, findet Ostern in Japan praktisch gar nicht statt. So sind wir dankbar, eine Einladung zu einem Picknick am Strand von Nishinomiya-Kitaguchi zu erhalten. Zusammen mit etwa 12 Elternpaaren der Deutschen Schule wird ein großes und überaus leckeres Buffet am Rande eines Spielplatzes aufgebaut.

Die Spielfläche für die Kinder übersteigt normal übliche, japanische Dimensionen bei weitem und auch für die Väter bietet sich die Gelegenheit für ein gemischtes kleines Fußballmatch; gemischt wurde dabei zwischen Groß und Klein. Felix spielt derweil seit einigen Wochen in dem Fußballklub Kobe YMCA Onze und kann gleich mit einigen neuen Tricks aufwarten, die manchen Vierzigjährigen unter den Vätern alt aussehen lassen. Anschließend gibt es ein fröhliches Ostereier-Suchen, was von den anderen Japanern auf dem Spielplatz bestaunt wird. Den angekündigten Strand müssen wir dann während eines Spazierganges erst noch suchen. Strand ist eben nicht gleich Strand. Vereinzelte Grüppchen von Japanern sitzen dort am Wasserrand auf kleinen Stühlchen und graben im dunkelgrauen, teilweise schwarzen Sand. Erst bei näherer Betrachtung wird deutlich, dass sie nach Muscheln suchen. Offenbar zum eigenen Verzehr.

In die Osterzeit fällt auch unser erster Besuch: Mit den Schwiegereltern aus Berlin gibt es für vier Wochen ein fröhliches Wiedersehen. Nicht jedoch mit ihrem Gepäck, was erst zwei Tage später aus Amsterdam nach Osaka befördert wird. Gemeinsam unternehmen wir zahlreiche Ausflüge. So besuchen wir unter anderem ein Jazzkonzert in einer Sake-Brauerei in Kobe. Klassischer Jazz und *sake* vertragen sich an diesem Tag gut. Insbesondere die Pianistin des japanischen Trios gleitet mit einer Fingerfertigkeit über das Instrument, zu der einem kaum das passende Attribut einfällt. Aber auch Bass und Schlagzeug können überzeugen.

Neben Regeln bilden auch Traditionen einen wichtigen Grundpfeiler der japanischen Gesellschaft. Einen kulturellen Einblick hierzu erhalten wir an diesem Wochenende in Kyoto. Anlässlich des eingangs erwähnten Kirschblütenfestes findet dort alljährlich ein Kirschblütentanz statt. Und dies zum wiederholten Male; genauer gesagt zum 133. Mal. Miyako Odori wurde erstmalig im Jahre 1872 in Kyoto aufgeführt, und erstreckt sich auch in diesem Jahr über einen Zeitraum von vier Wochen.

Eigentlich liegen wir gut in der Zeit und sind mit reichlich Informationen ausgestattet, die uns das Erreichen des unbekannten Zieles erlauben sollten. Doch dann verfallen wir dem üblichen Fehler: Dem Vertrauen auf die Maßstabsgerechtigkeit japanischer Stadtpläne. Wir irren unter Zeitdruck - die Veranstaltung ist mit einer Teezeremonie verbunden, für die auf der Eintrittskarte eindringlich um ein vierzigminütiges Erscheinen *vor* Veranstaltungsbeginn hingewiesen wird - durch die schmalen Gassen. Doch hier tritt dann plötzlich das Korrektiv zu den japanischen Stadtplänen auf: Ein hilfreicher Japaner. Er scheut sich auch nicht, wiederum andere Japaner nach dem Weg für uns zu fragen und geleitet uns bis zum Veranstaltungsort, zu dem er selbst ganz gewiss nicht wollte. Für die Teezeremonie ist es natürlich längst zu spät. Der folgende Kirschblütentanz kann durchaus als traditionell bezeichnet werden. Geisha-Schülerinnen (*maikos*) bewegen sich unter klirrendem Klang einiger Zupfinstrumente, Trommeln sowie recht hohem, monotonen, weiblichen Gesang auf der Bühne. Die Dekorationen wechseln und zeigen die verschiedenen Jahreszeiten. Alles in allem lässt sich der Tanz als beeindruckend beschreiben.

Das gleiche gilt für die anschließende Teezeremonie, die wir dann noch nachholen dürfen. Zur Vorbereitung warten wir zusammen mit anderen Besuchern in einem Raum, der aufgrund des Kommens und Gehens eher an eine Bahnhofshalle denn an eine tempelähnliche

Anlage erinnert. Nach knapp 20 Minuten werden die Wartenden gerufen und in einen Raum der zweiten Etage geleitet. Dort erwarten uns etwa genauso viele Bedienstete wie wir selbst Gäste sind. Alles was nun folgt, ist wie im Film. Kaum dass man Platz nimmt, wird ein leicht aufgeschäumter grüner Tee serviert. Währenddessen hantieren zwei *maikos* auf einer kleinen Bühne; dies soll wahrscheinlich ganz entfernt an die eigentliche Teezeremonie erinnern, die sich normalerweise über mehrere Stunden zieht. Zum Tee wird je ein *mochi* serviert, jener gestampfter Reis gefüllt mit Bohnenpaste, wie wir ihn zu Weihnachten in den Bergen bei Kobe selbst hergestellt haben. Plötzlich stehen schon die ersten Besucher wieder auf und gehen. Was als unhöflich erscheint, entpuppt sich als vorausschauend. Denn kaum, dass der letzte Bissen *mochi* im Mund verschwunden ist, beginnt der Schwarm von Bediensteten alles wieder abzuräumen. Und um dem Nachdruck zu verleihen, verdrücken sich kurz darauf die beiden *maikos* und schließlich kommt der richtige Rausschmeißer: Das Licht wird auf ein Minimum reduziert. Eigentlich wollen wir auch gerade gehen.

Man wird bescheiden in der Ferne. Doch es gibt gewisse Grundnahrungsmittel auf die kann und will man nicht verzichten. Und auf den deutschen Frühstückstisch gehört nun einmal das, wofür auch Boris

Becker einst Reklame gemacht hat: Ein Nutella-Glas. Um es gleich vorneweg zu sagen, beides zu bekommen, ist unmöglich. Nutella wird hier nur in Plastikbehältnissen angeboten. Den Brotaufstrich zunächst ausfindig zu machen, ist ungefähr genauso schwierig, wie einen japanischen Stadtplan zu lesen. Das hängt auch mit der durchschnittlichen Größe der Plastikbehälter ab, die ungefähr so groß sind wie ein Tintenfäßchen. So schlagen wir uns die ersten Monate über die Runden und weichen gelegentlich auf Konkurrenzprodukte zum Beispiel aus Schwartau aus. Als sich dann unerwartet in einem der Metro gleichwertigen Großkauf die Gelegenheit bietet, schlägt Christiane zu. Nicht einmal, zweimal oder dreimal. Nein, eine ganze Palette voller Nutella muss es sein. Unzufriedenheit am Frühstückstisch gibt es dennoch, nämlich immer dann, wenn es darum geht, wer das nächste Nutella zuerst öffnen darf.

Auch dieses Problem lässt sich also lösen. Ein ganz anderes hat ein Schüler offenbar mit der Erledigung seiner Hausaufgaben, dem man dabei im engen Zug morgens gezwungenermaßen über die Schulter schaut. Eng an die Scheibe gepresst notiert er in ein vorgedrucktes Blatt: »This problem was too difficult for her to solve«. Was für das Nutella und Christiane im Übrigen ja nicht stimmt. Er schreibt diesen Satz fehlerfrei zehnmal untereinander, und es mutet wie eine Strafarbeit an. Doch wird man den Eindruck nicht los, dass es sich um eine bestimmte Form japanischer Pädagogik handelt.

Großstadtdschungel

Okamoto am frühen Morgen auf dem Weg zur Arbeit. Auf dem Bahnsteig der Hankyu-Bahn steht er wieder ganz vorne in der Reihe der Wartenden. Vermutlich ein Büroangestellter, ein »salaryman« wie man in Japan sagt. Wie viele seiner Art trägt er einen tief dunkelblauen oder schwarzen Anzug. Ein Endfünfziger, der in der rechten Hand eine Tageszeitung hält, die bereits für die Bahnfahrt auf das halbe Seitenformat längs gefaltet ist. Anders lässt sich im Berufsverkehr mit der Zeitung gar nicht hantieren. Während des Wartens ist nun zu beobachten, dass er langsam seine Hüften zu schwingen oder kreisen beginnt. Genussvoll und unter leichtem Lächeln schließt er dabei die Augen und wechselt gelegentlich die Kreisrichtung.

Japaner halten sich gerne körperlich fit. Und so kann es sein, dass man an ganz unterschiedlichen Plätzen jemanden trifft, der sich gymnastisch oder sportlich betätigt. So auf dem Bahnsteig mit leichten Dehn- und Streckübungen, im Park bei Gymnastik oder beim Joggen, oder auch auf kleinen Plätzen mit einem Tennisschläger einen Ball gegen eine Wand spielend. Selbst auf einem Parkplatz in der Firma wird in der Mittagspause häufig Einzelsport betrieben. Aber auch der Golfschläger wird mit in die Natur genommen, um die eine oder andere Abschlagvariante zu erproben. Jedoch natürlich ohne Ball. Mit Ball ist dann doch eine der zahlreichen Golf-Arenen vorzuziehen, die sich überall finden und insbesondere durch ihre großflächigen, grünen Netze über der Anlage auffallen.

Der erwähnte »salaryman« ist übrigens immer einer der ersten im Waggon, um sich nach der Anstrengung einen Sitzplatz zu sichern. Dann verliert man ihn wegen der Fülle im Waggon allerdings schnell aus den Augen. Wie plötzlich und unerwartet ist dann eines Tages das Treffen auf demselben Bahnhof am Abend, und wie groß ist gleichzeitig die Enttäuschung, als er genauso genüsslich an einer Zigarette zieht. Ganz so gesund leben eben doch nicht alle.

Von Felix Fußballverein Kobe YMCA Onze war schon berichtet worden. Aufgrund verschiedener Wochenenden, die wir inzwischen auf Fußballplätzen zugebracht haben, seien hierzu ein paar Besonderheiten nachgetragen. Zunächst braucht die Frage, ob der Rasen auch in Japan schön grün ist, gar nicht gestellt zu werden. Es gibt weder Natur- noch Kunstrasen, nämlich gar keinen. Vielleicht macht die sommerliche Hitze sämtlichen Rasen, ob echt oder nicht, zunichte. So ist das Spielgeschehen meist von einer kleinen Staubwolke umgeben, was für Spieler, Schieds- und Linienrichter sowie die wenigen Zuschauer zu einem trockenen Hals führt. Doch hier sei eine wesentliche Verbesserung des Ablaufs gegenüber Deutschland erwähnt. Während des regulären Spiels gibt es häufig mehrere, kurze Pausen, in denen die Spieler sich mit Getränken versorgen können. Und in der Halbzeitpause wird sogar auf einem Tablett dem Schiedsrichter und seinen beiden jugendlichen Assistenten ein Getränk von einem Elternteil gebracht. Service wird also auch hier groß geschrieben.

Die Freude ist groß, als Felix sein erstes »japanisches« Tor in einem Punktespiel schießt. Es soll ein Kantersieg werden. Doch egal wie die Spiele ausgehen, das Ritual am Ende bleibt immer gleich: Verabschiedung beim Gegner am Mittelkreis mit Verbeugung. Anschließend Verbeugung der beiden Mannschaften beim jeweils gegnerischen Publikum. Was dann natürlich noch fehlt, ist die Verbeugung vor dem eigenen Publikum. Diese wird dann tatsächlich auch noch durchgeführt, wobei sich in diesem Falle auch noch die Trainer der Mannschaften dazu gesellen. Alles in allem also formvollendet. Was noch auffällt: Es geht deutlich ruhiger zu als auf deutschen Fußballplätzen.

Die sogenannte »Golden Week« ist eine festliche An-
einanderreihung von Feiertagen in der ersten Mai-Wo-
che. Insgesamt vier Feiertage nötigen einen geradezu
von der Firma fernzubleiben, was von allen sehr inten-
siv genutzt wird. Ganz Japan ist in dieser Woche unterwegs. Auch die Bewohner von Tokyo sollen in dieser
Zeit die Stadt verlassen, so dass wir genau zum umge-
kehrten Weg, also *nach* Tokyo aufbrechen. Aufgrund
einer sehr guten Empfehlung können wir vorher per
Internet im New Otani Hotel zwei Zimmer buchen,
und alleine das Hotel lohnt die Reise. Auch wenn die
reinen Fakten erst einmal abschrecken. Etwa 1 600 Betten, drei Häuser, 30 Restaurants sowie diverse Geschäfte.
Dagegen aber auch ein eigener japanischer Garten und
ein Swimmingpool mitten im Zentrum von Tokyo. Fast
wie eine kleine Oase. Der japanische Garten stammt
aus der Zeit, als das Gelände eine Art Ländervertre-
tung der Hyogo Präfektur war.

Schon am Hauptbahnhof von Tokyo haben wir eher
nicht das Gefühl, dass die Menschen die Stadt verlassen haben. Es scheint vielmehr so, als wollten sie uns
dort auflauern. Menschenmassen wie im Stadtteil
Umeda in Osaka. Nur dass offenbar alle Stadtteile von
Tokyo so groß zu sein scheinen. Das U-Bahnsystem
ist sehr komfortabel, alleine am Hotel kreuzen sich drei
verschiedene Linien, so dass wir schnell an Ort und

Stelle sind. Wir besichtigen u. a. den Meiji Schrein, der von einem wunderbar großen Park umgeben ist. Park und Tempel scheinen auch Anziehungspunkt für Hochzeitspaare zu sein. Wir erleben zwei Paare, die sich dort offenbar trauen, in jedem Falle aber fotografieren lassen. Die Kostüme der Bräute sind im Stil sehr unterschiedlich, aber dennoch eindrucksvoll.

Das lässt sich von der jugendlichen Mode in Tokyo insgesamt nicht behaupten. Wenige 100 Meter von der feierlichen Atmosphäre entfernt, stoßen wir auf das Viertel, das für seine Jugend bekannt ist; in Harajuku. Welche gegensätzlichen Kontraste sich dort zeigen, ist sprachlich kaum präzise zu beschreiben. Die Farben reichen von bunt bis tief schwarz, was ein bisschen an Totenkult erinnert. Zwischendurch ein junger Mann ganz in blau; womit nicht nur die Kleidung, sondern auch sein Mobiltelefon und seine Augenlider gemeint sind. Dann als weiterer Höhepunkt ein älterer Mann in weißer Kluft und mit einem riesigen Hut, gleich einer dreistöckigen Torte, auf dessen Ebenen sich allerlei Spielzeug findet. Am äußeren, unteren Rand ragt vor seinem Gesicht ein kleines, durchsichtiges Gefäß hervor. Die Kinder entdecken sehr schnell, was uns entgangen ist: In diesem Gefäß schwimmen mehrere Goldfische. Langsam und mit diesen Bildern im Kopf lassen wir uns durch das bunte Gewimmel der sich anschließenden Fußgängerzone treiben. Viele solcher Modegeschäfte, deren Kunden wir zuvor begegnet sind, mit Ausnahme des Herren in Weiß, reihen sich hier aneinander.

An einem Modegeschäft bleiben wir dann doch stehen. Hier scheint es nur ganz kleine Größen zu geben, glauben wir zunächst. Doch dann stellt sich heraus, wer die Zielgruppe dieser Mode ist. Hunde, und zwar die von der kleinsten Sorte. Leibchen in allen Farben und Sorten für die lieben Kleinen. Insgesamt lässt sich in Japan tatsächlich die Tendenz zum lebenden Kuscheltier beobachten. Um den Hunden die Mühe des Laufens zu ersparen, werden die Tiere im ganz kleinen Format sogar häufig getragen; sei es in der Hand oder Tasche. Natürlich müssen diese Hunde in diesem Fall auch jedem modischen Trend ihrer Herrchen und Frauchen folgen.

Ein abwechslungsreiches Programm führt uns durch die folgenden Tage. So sehen und befahren wir den Tokyo Tower, ein dem Eiffelturm nachempfundener Stahlskelettbau aus dem Jahre 1958. Dass er das Original überragt, versteht sich aus japanischer Sicht von selbst. Auf dem Weg zum Tower kommen wir im Shiba-Park an kleinen Figuren vorbei, so wie man sie gelegentlich in Tempelanlagen findet; sogenannte Jizo-Götter. Fast alle tragen rote Mützen, einen roten Überwurf und haben ein buntes, sich drehendes Windrad vor sich stehen. Auf diese Weise wird an dieser Stelle an die so bezeichneten »Wasserkinder« erinnert. Aufgrund der Vielzahl der Figuren geht uns dieser Eindruck nicht so schnell aus dem Kopf.

Die Anfahrt zum nah am Meer gelegenen Sea Life Park in Kasai-Rinkakoen stellt sich als echte Herausforderung heraus. Den letzten Teil des Weges müssen wir nämlich die JR-Bahn benutzen, die wir auch aus Kobe und Osaka kennen. Demzufolge verlassen wir uns auf unsere Erfahrungen, was das Benutzen der verschiedenen Zugtypen angeht. Blau ist in der Kansai Region bei der JR normalerweise ein lokaler Zug, der an jeder Station hält. Silbern sind dagegen »Rapid« oder »Special Rapid«, das heißt, sie halten aufgrund ihrer höheren Geschwindigkeit nur an ausgewählten Bahnhöfen. Nun treiben aber die Farben ihr Spiel mit uns. Und bis wir herausbekommen, dass das Halten der Züge spiegelbildlich zu der uns bekannten Weise funktioniert, fahren wir genau viermal an dem Bahnhof vorbei, an dem wir eigentlich aussteigen wollen. Als der Zug dann schließlich auch für uns hält, wollen die Kinder lieber zum benachbarten Disney Land. Das liegt aber auch nur daran, dass wir an diesem Bahnhof gezwungenermaßen den Zug mehrfach gewechselt haben, um einen erneuten Anlauf zum Aquarium zu nehmen.

Nach den lebenden Fischen besichtigen wir einen Tag später den Fischmarkt Tsukiji, der morgens wie in Hamburg zum Ersteigern der Fische einlädt. Das schaffen wir zeitlich natürlich nicht ganz, aber dennoch wird es ein bleibendes Erlebnis werden. Eine riesige Markthalle überdacht hunderte von kleinen Ständen, an denen es Fische jeder Art zu kaufen gibt. Als wir eintreffen, werden große Thunfische vereinzelt und nur noch gefroren angeboten, ganz in der Frühe gibt es sie noch frisch. Eigenwillig und surrealistisch wirken die umherstehenden, abgesägten Fischköpfe der gefrorenen Tiere. Trotz der späten Zeit herrscht noch reges Treiben. Mit kleinen elektrischen Wägelchen, die Koffertransportern auf den Flughäfen gleichen, rasen Beschäftigte die etwas breiteren der schmalen Gassen entlang. Müllberge voll Styropor häufen sich unmittelbar vor der Halle.

Eine herzliche Einladung bringt uns am selben Tag noch in den Kreis einer deutschen Familie. Auf dem Innenhof einer kleinen Hausanlage verbringen wir einen wunderschönen Nachmittag, ohne wirklich zu merken, von etwa 12 Millionen Bewohnern im Großraum Tokyo umgeben zu sein. Der Stadtteil, welcher nur knapp 40 Minuten vom Zentrum entfernt ist, wirkt wie ein kleiner Vorort und könnte eben so gut in Kobe liegen.

Dilong heißt ein seltenes Exemplar; genauer gesagt *dilong paradoxus*. 70 Minuten sind erforderlich, um uns in einer Schlange einer Ansammlung von Urtieren zu nähern. Im naturwissenschaftlichen Nationalmuseum im Ueno Park ist seit März eine ganz besondere Ausstellung von Dinosauriern zu bewundern. Einige ganz selten oder vormals nie in der Welt gezeigte Exemplare sind dort zu sehen. Und beim Thema Dinosaurier halten auch die Jungs tapfer durch. Doch es lohnt sich wirklich, und die Skelette der verschiedenen Saurier sind eindrucksvoll aufgebaut. Bis auf den eingangs erwähnten *dilong paradoxus*, der sich nicht als kompletter Saurier, sondern nur als Knochenhaufen zeigt. Das liegt vielleicht daran, dass er erst im Oktober 2004 in China entdeckt wurde. *Dilong paradoxus* bedeutet im Übrigen »besonderer Kaiserdrache«. Im Dunkeln des Gedrängels der Ausstellung verlieren selbst einige der sonst so höflichen Japaner ihre Contenance, so dass es zu dem einen oder anderen Schubser kommt.

Shoppen lässt es sich in Tokyo ausgezeichnet. Einige Stunden verbringen wir daher in Ginza, einem für seine Geschäfte bekannten Stadtteil. Hier befindet sich auch die Kreuzung mit dem höchsten Verkehrsaufkommen in Japan. Nur wenige Meter davon entfernt treffen wir einen deutschen Kollegen und seine Frau, was uns alle genauso überrascht wie der Zufall als solches.

Ein besonderer Dank gilt an dieser Stelle einem Berliner Kollegen, der mit einem dinosauriergroßen Nutellaglas die lange Reise nach Japan auf sich nahm.

Schottenrock

In mehrfacher Hinsicht wird es langsam feucht. Zunächst zeigt sich der Sommer jedoch von seiner angenehmen Seite, wahrscheinlich, um uns in vermeintlicher Sicherheit zu wiegen. Morgens empfangen uns zunehmend fröhliche, wohlige Temperaturen, die sich auch am Abend wacker halten. Damit lässt es sich im Allgemeinen gut leben. Doch stetig steigt das Thermometer, und als bereits kurz nach sieben Uhr am Morgen so um die 24 °C erreicht sind, der Schweiß sich bereits startklar macht, wird es Zeit, über einen geeigneten Garderobenwechsel nachzudenken.

Dieser hat sich Anfang Juni heimlich durch alle Gesellschaftsschichten gezogen. Die Schul- und Universitätsmode geht auf Sommerröcke und -hosen sowie dünne Blazer, der bereits erwähnte »salaryman« verzichtet größtenteils auf sein Sakko, und, was aufgrund persönlicher Betroffenheit besonders wichtig ist: Es wird auf Halbarm umgestellt. Schnell heißt es, sich dem Trend anzupassen, und die langärmeligen Oberhemden einzumotten. Dies sollte man jedoch wörtlich nehmen, da wir zunehmend diese lieben, kleinen Tiere zu Gast haben. Erst der Mottenschutz führt zu stabilen Verhältnissen.

Auch die Bahnangestellten der Hankyu-Linie tragen übrigens helle Sommeranzüge. Nur die weißen Handschuhe, mit der sie die Bahnen auf den richtigen Gleisen führen, sind vermutlich dieselben wie zuvor. Die Damenwelt ist zunehmend mit Sonnenschirm unterwegs, den es in vielen hellen, freundlichen Farben, aber auch im seriösen Schwarz gibt. Besonders gefallen jedoch die eher seltenen weinroten Exemplare. Das Angebot für Sonnenschirme ist riesig. Für jeden Geschmack und jede Größe findet sich ein Exemplar. Sollte die Kaufentscheidung vom Gewicht beeinflusst werden, hat sich ein Kaufhaus in Osaka einen besonderen Service einfallen lassen: In der Sonnenschirmabteilung ist eine kleine Waage aufgestellt. Damit lassen sich bequem Gewicht des Schirms und Belastbarkeit der modischen Handtasche in Einklang bringen. Ein ungewolltes Ausbeulen lässt sich somit verhindern. Auch für Fahrräder gibt es verschiedene Halterungssysteme für Sonnenschirme.

Japans Ministerpräsident Koizumi warb vor kurzem mit der Kampagne »Cool Biz« dafür, dass Sakkos und Krawatten im Schrank bleiben. Auf diese Weise ließe sich Strom bei den Klimaanlagen einsparen. Der Berechnung der Regierung zufolge, können durch das »Einfrieren« der Klimaanlagen in den Büros auf Werte, die nicht niedriger als 28 °C liegen, die Vorgaben für das sogenannte Kyoto-Protokoll schneller erreicht werden.

Seit einer Woche hat nun die Regenzeit eingesetzt. Lange hatten die trotz allem immer noch kräftig grünen Pflanzen darauf gewartet. Wir dagegen weniger. So regnete es zunächst drei Tage hintereinander teilweise so stark, dass die Hose bis zum Knie und der Halbarm bis zur Schulter feucht, eigentlich sogar nass waren. Auch zuhause kommt in der gerade begonnenen Ferienzeit nicht wirklich Freude bei diesem Wetter auf. Nach einer kurzen Auszeit ist nun auch für die kommende Woche keine Besserung zu erwarten. Wir wissen zu schätzen, dass unsere Wohnung nur etwa drei Minuten von der Bahnstation entfernt ist.

In Deutschland wird der Schotte gemeinhin mit einem ganz besonderen Attribut versehen, den ein Elektrokaufhaus zu dem bekannten Werbespruch »Geiz ist …!« geformt hat. Bei der in Japan herrschenden Kaufkraft, die etwa doppelt so hoch wie die in Deutschland ist, sollte man hier keine Schotten erwarten. Und doch sind wir ihnen leibhaftig und im Schottenrock begegnet; und zwar sogar japanischen Schotten. Wie kam es dazu?

Lange stand bereits der Wunsch auf unserer Ausflugsliste, einmal einen ganz besonderen Stadtteil von Kobe zu erkunden. Nordwestlich vom Zentrum der Stadt am Berghang gelegen, zeigen sich in Kitano noch heute deutliche Spuren der Öffnung Japans für den Handel mit dem Westen. Kobe zählt 1868 zu einem der ersten internationalen Häfen, die davon profitieren. Wohlhabende Kaufleute und Diplomaten ließen sich nieder, und mehr als 20 erhalten gebliebene Häuser dieser Zeit können besichtigt werden. Dabei finden sich viele Stein- und Schindelbauten im klassisch viktorianischen Stil. Ein leichter europäischer Luftzug weht durch die schmalen, manchmal südländisch anmutenden Gassen. Vielfach sind die Häuser genau einem europäischen Land zugeordnet. So gibt es ein Dänemark-Haus, ein Holland-Haus usw. In Letzterem kann man sich bei Bedarf - ganz japanisch - in holländischer Tracht einkleiden und fotografieren lassen.

Da das Ganze einen gewissen musealen Charakter hat und auch wirklich schöne Häuser zu sehen sind, kommen natürlich auch wir ein wenig ins Schwärmen. Geneigte Leser werden sich denken können, dass man sich bei den vielen supermodernen und eigentlich immer gleich aussehenden japanischen Städten gelegentlich gerne an den einen oder anderen bekannten Baustil erinnert; zum Beispiel an die Leichtigkeit des Jugendstils. Doch zeigen Städte in Japan eben häufig weder Leichtigkeit noch Stil.

Doch zurück zu den Schotten. Während wir also durch Kitano spazieren und gerade ein Haus mit Stuckdecken und Wetterhahn auf dem Dach besichtigen, marschiert eine kleine Kolonne unter Getöse durch die Gasse. Und, ob man es nun glaubt oder nicht: Es handelt sich tatsächlich um eine Dudelsackgruppe im typisch schottischen Kilt. Ein gewisser europäischer Anteil in der Gruppe ist zwar nicht zu übersehen, doch besteht der Großteil aus Japanern, die sich trotz der Wärme schottische Schurwolle angelegt haben.

An der Deutschen Schule ist es Tradition, das abgelaufene Schuljahr mit einem kleinen Fest zu verabschieden. Eigentlich nicht nur das Schuljahr, sondern auch Schüler, Eltern und Lehrer, da es bedingt durch berufliche Wechsel oder andere Veränderungen ein häufiges Kommen und Gehen gibt. So wird also diese Feier auch *sayonara*-Party genannt, was die Abreisenden natürlich nicht so gerne hören wollen, weil es ja doch irgendwie immer alles ganz traurig wird. Alle haben sich bei den Vorbereitungen aber wieder mächtig angestrengt, und so wird es musikalisch und kulinarisch ein gelungenes Fest. Eltern und Kinder zweier Erzieherinnen, welche die Schule verlassen, haben sich etwas besonders Schönes einfallen lassen. Alle Kinder überraschen die beiden im Kimono, was zu ausgesprochen viel Freude, ein paar wehmütigen Tränen und zahlreichen Fotos führt.

Felix und Simon haben damit ihr erstes japanisches Schuljahr erfolgreich überstanden. Doch auf dem Weg dahin, insbesondere in den letzten Wochen vor den Zeugnissen, waren noch einige Hürden zu meistern; geplante und ungeplante. Erleichtert genießen beide nun zwei Monate Ferien, bei denen sie jedoch im Gegensatz zu Deutschland auch einige Hausaufgaben begleiten. Christiane hat dagegen Anfang Oktober noch ganz andere Aufgaben zu meistern. Dann gilt es nämlich, an der Deutschen Schule das alljährliche stattfindende Oktoberfest zu bestreiten. Laut Auskunft aller Alteingesessenen *das* Ereignis schlechthin. Sowohl, was den Aufwand der Beteiligten als auch das Interesse der zahlreichen Gäste angeht. Die Organisation des Kuchenbuffets liegt nun in Christianes Händen, die aber ohne Unterstützung vieler anderer hilfreicher Hände nicht ausreichen werden. Ganz einfach deswegen, weil aufgrund der Erfahrungen vergangener Jahre wohl rund 140 Kuchen benötigt werden. Kein leichtes Unterfangen. Die Besucher konsumieren zum Teil nicht nur einzelne Stücke, sondern gleich halbe und ganze Kuchen und Torten.

Lange war der Kelch vorübergegangen; der Kelch, im Kollegenkreis die japanische Sangeskunst, auch *karaoke* genannt, zu pflegen. Die Fortsetzung unseres projektinternen Teamentwicklungsseminars brachte dann plötzlich diesen Punkt als Abendaktivität auf die Agenda. Diesmal verlegen wir den Ort des Seminars in die frisch renovierten Räumlichkeiten des Trainingscenters der Firma auf Rokko-san, einem Berg nördlich von Kobe. Idyllisch und besonders angenehm kühl auf etwa 800 Meter Höhe gelegen. Die nett hergerichteten Räume in einer ehemaligen Jugendherberge bieten Wasch- und Schlafgelegenheit. Toiletten und Duschen befinden sich auf den Gängen. Dabei sei angemerkt, dass die Toiletten nicht mit den eigenen Schuhen betreten werden dürfen. Vielmehr erwarten den Eintretenden ein paar hübsche, in Schlüpfrichtung aufgestellte blaue Plastikschuhe, die beim Verlassen möglichst in derselben Richtung zu positionieren sind.

Das Abendprogramm naht also, und wir verlassen das Trainingscenter zu einem zehnminütigen Fußmarsch zum nahe gelegenen Rokko-san Hotel. Auf Penthouse-Ebene mit wunderbarem Blick auf das nächtliche Kobe ist dort ein Karaoke-Raum für uns reserviert. Ein Raum, der Platz für drei Sofas, einen Couchtisch sowie die Karaoke-Anlage bietet. Eine Wohnzimmeratmosphäre liegt über dem zu erwartenden geselligen Beisammensein. Bald geht es daran, aus einem Buch, welches etwa so dick wie das Berliner Telefonbuch (Buchstabe L-Z) ist, einen Zahlencode für das Lied herauszusuchen, welches man anschließend zum Besten und ins Mikrofon geben will. Unterstützt wird der jeweilige Akteur durch eine Musikanlage, die sowohl die dazugehörige Musik als auch den Text liefert. Begleitend dazu läuft ein mehr oder weniger passendes Video. Fürsorglicherweise hat ein japanischer Kollege insbesondere für die deutschen Kollegen verschiedenen Kopf- bzw. Haarschmuck mitgebracht. Mit diesem ausgestattet, treten wir zunächst im Duo und dem einzigen verfügbaren, deutschen Stück auf: »Neunundneunzig Luftballons«. Später tasten wir uns dann als Solisten durch englische oder spanische Songs, die manche gesangliche Herausforderung darstellen. Alles in allem aber ein gelungener Abend, bei dem sich ganz deutlich die musikalischen Qualitäten der japanischen Kollegen zeigen.

Dass es neben alten Häusern in Japan auch andere schöne alte Dinge gibt, ist auf der großen Antikmesse »Antique Grand Fair« in Kyoto zu entdecken, die schon zum 32. Mal stattfindet. Der strömende Regen hält uns an diesem Tag nicht ab, und es soll sich lohnen. Fast 350 Aussteller füllen eine Messehalle sowie ein paar angrenzende Räume. Die Stände für die dreitägige Ausstellung sind gefällig hergerichtet, die angebotenen Waren gut drapiert und selbst für kleine Scheinwerfer zum besseren Ausleuchten wurde von den Händlern gesorgt.

Neben einem goldfarbenen *obi*, einem breiten Gürtel, welcher normalerweise einen Kimono zusammenhält, aber auch zu Tischdekorationszwecken verwendet wird, und einem wunderbaren Wandbehang mit Kranichmotiv, erwerben wir auch ein ganz besonderes Buch.

Vielleicht würde man »Kladde« sagen. Denn es handelt sich um ein per Hand gebundenes und damit in seiner Art einziges Exemplar. Eingeklebt sind offenbar Bilder aus einer in Tokyo erschienenen Zeitschrift »Fuzuko Gaho«, die Bilder aus dem japanischen Leben Anfang des zwanzigsten Jahrhunderts zeigt. Zügig eingeleitete Internet-Recherchen ergeben, dass etwa 500 Ausgaben im Zeitraum von 1889-1916 erschienen. Neben der interessanten Geschichte des Buches und der Zeitschrift als solches ist aber besonders die Vielzahl der farblich ansprechenden Drucke zu erwähnen, die sich auf den eingebundenen Seiten befinden. Aufgrund von Papierknappheit handelt es sich übrigens teilweise um Seiten, die ursprünglich als Skizzen, Schnittmuster oder Textseiten einem ganz anderen Zweck dienten.

Wahlmobil

Während sich wahrscheinlich gerade die ersten Bundesbürger ihre Schuhe für den Gang zur Wahlurne schnüren, hat es einer bereits vor einer Woche geschafft, sich seinen Reformkurs bestätigen zu lassen: Japans Ministerpräsident Koizumi gelang es, binnen eines nur vier Wochen während Wahlkampfes die Anzahl der Sitze seiner Partei im Unterhaus um fast 20 % auszubauen. In Deutschland waren dagegen alleine drei Monate notwendig, um zu prüfen, ob die angestrebten Neuwahlen verfassungsrechtlich zulässig sind.

Der japanische Wahlkampf zeichnet sich durch kleinflächige Plakate, weiße Handschuhe und Lautsprecherwagen aus. In Deutschland lassen sich dagegen die Anzahl der Wahlplakate vermutlich nur noch in Bäumen und Laternenmasten messen, an denen sie befestigt werden. Von der notwendigen Papierherstellung für die großflächigen Wände, die zudem regelmäßig die Sicht versperren, sei besser gar nicht die Rede. Das ist hier ein wenig pragmatischer gelöst: An bestimmten, öffentlichen Plätzen sind Wände aufgestellt. Diese sind in gleich große Bereiche von jeweils DIN A2 aufgeteilt und mit Nummern versehen. Nach und nach füllt sich dann die Wand mit den Portraits der Kandidaten, die um die Gunst der Wähler streiten.

Persönlich treten die Wahlkämpfer dann einzeln, beispielsweise an Bahnhöfen, oder in Gruppen bei öffentlichen Veranstaltungen auf. Um sich weithin sichtbar zu zeigen, gibt es hierfür einen bestimmten Autotyp. Quasi wie ein geschlossener Transporter mit aufgesetztem Dach, welches von außen über eine Leiter zu besteigen ist. Das Dach selbst besitzt eine Art Rehling, die mit Lautsprechern wie kleinen Kanonen geschützt wird. Daraus wird das Land beschallt. Meistens eine sehr einseitige Beschallung, denn wie aus der Kommunikationslehre bekannt, bedarf es neben einem Sender auch einem Empfänger. Da aber auch Schrottsammeldienste und andere Reklamewagen mit einem solchen Getöse durch die Straßen kurven, ist zumindest für uns ein Unterschied kaum merkbar.

Wenn neben der Beschallung nun aber auch die Kandidaten das Oberdeck betreten, dazu eine Schärpe und weiße Handschuhe tragen, dann ist wirklich Wahlkampf in Japan. In diesem Falle steht das Auto natürlich. Freundlich wird nach allen Seiten gewinkt, denn Wähler lauern überall. In Sannomiya, der Innenstadt von Kobe, findet kurz vor dem Wahlsonntag eine Abschlussveranstaltung eine große Zuhörerschar. Mangels geeigneter Versammlungsplätze wird die ganze Veranstaltung von Seiten der Kandidaten vom Oberdeck abgehalten; kein leichtes Unterfangen bei etwa 35 °C im Schatten. Dennoch ein heiteres Winken vieler weißer Handschuhe. Und da Japaner im Wesentlichen auch immer Spaß verstehen, hat einer der Kandidaten auch eine Handpuppe in der Größe von Ernie, Bert oder Pittiplatsch dabei, die er bei dieser Gelegenheit ebenfalls sprechen lässt.

Es gibt Situationen am Morgen eines anbrechenden Arbeitstages, wo man sich gedanklich noch im Bett befindet, während jemand im Bad hantiert, den man im Spiegel kaum wieder erkennt. Tritt in einer solchen Situation etwas völlig unerwartetes ein, kommt alles aus dem Gefüge. 6.20 Uhr: Die Kaffeemaschine ist in der Ferne gerade noch am Röcheln, der Fön trocknet die sich mehrenden grauen Haare, da plötzlich fällt das Licht im Bad aus; und nicht nur dort. Dafür ist der Kopf nun hellwach.

Wenn da nicht gleichzeitig diese fürchterliche Stimme aus mindestens drei Lautsprechern auf einen einhämmern würde. Zwei davon sind in der Wohnung installiert, einer rechts außen von der Eingangstür in der Gegensprechanlage integriert. Für einen Eventualfall, der während einer gesonderten Einweisung erklärt wurde, und der nun offenbar eingetreten ist. Unglücklich ist, wenn man selbst an der Einweisung nicht teilgenommen hat und die Stimme aus den Lautsprechern ausschließlich und ohne Ende auf Japanisch spricht: Es erübrigt sich von selbst, hier erneut auf eine ausgesprochen einseitige Kommunikation hinzuweisen.

Während also die Stimme weiterhin ihr Bestes gibt, kommt als einzige Rettung nur der Nachbar aus der zweiten Etage in Betracht. Seine Familie ist zur Zeit auf Reisen. Er, ein Amerikaner und seit etwa 17 Jahren in Japan lebend, genießt wahrscheinlich gerade seinen unbeschwerten Schlaf. Doch der Zufall will es, dass er schon beizeiten auf war und behilflich ist, die Lautsprecher-Botschaft zu entschlüsseln. Sinngemäß wird empfohlen, den Gasanschluss zu prüfen, was mit einem kleinen unscheinbaren, aber leuchtenden Symbol auf der Sprechanlage korrespondiert. Mehr als dankbar kann man dem Nachbarn nur sein, als er es nach Drücken sämtlicher Knöpfe an der Anlage endlich schafft, alle Lautsprecher zentral auszustellen. Auch hat er eine Nummer der Hausverwaltung parat, die außerhalb der normalen Öffnungszeiten angerufen werden kann. Erst nach längerer verbaler Bearbeitung erklärt sich die Hausverwaltung jedoch bereit, jemanden vorbei zu schicken, der letztendlich nur den Sicherungskasten prüft und, wie sich herausstellt, sämtliche aus-

gefallene Sicherungen samt Schutzschalter wieder ein-
schaltet. Damit ist der Status Quo wieder hergestellt
und der Kaffee kalt.

In den Folgetagen wird nach der Ursache recht er-
folglos gesucht, bis schließlich der Alarm im Morgengrauen drei Tage danach wieder losbricht. Diesmal etwa
zwei Minuten später; wahrscheinlich ist man nicht so
gut aus dem Bett gekommen. Des Rätsels Lösung findet sich wiederum einen Tag später: Die Klimaanlage
im Schlafzimmer war offenbar defekt. Im Zusammen-
spiel von Fön und Kaffeemaschine fiel dann schließlich die gesamte Elektrizität aus. Die Meldung hin-
sichtlich des Gasanschlusses diente in japanischer Weise nur der vorsorglichen Vorsorge, dass aufgrund des
Stromausfalls auch die Gasanschlüsse zu prüfen seien.
Der nächste Eventualfall bleibt abzuwarten.

Schenkt man den Schaufensterdekorationen der Geschäfte Glauben, so hat der Herbst bereits Einzug gehalten. Während die Natur noch in kräftigem Grün
leuchtet, haben sich die Farben der aus Kunststoff oder
Papier bestehenden Ahornblätter in den Dekorationen
bereits zu einem satten gelb und rot gewendet. Man
trägt inzwischen gelegentlich auch schon wieder Stie-
fel, was mit den sinkenden Temperaturen einhergeht.
Doch kann bei 30 °C statt 35 °C Höchsttemperatur
wirklich schon von Herbst gesprochen werden? Vor kur-

zem noch gab es Sommerfestivals und Feuerwerke, nun wird kalendarisch die nächste Jahreszeit eingeleitet.

Doch auch ein anderes Indiz könnte auf den Herbst deuten: Die Taifunzeit hat begonnen. Durchschnittlich ist im Zeitraum zwischen Anfang September bis etwa Mitte Oktober alle zwei Wochen mit einem Taifun zu rechnen. Die Japanische Meteorologische Agentur (JMA) hat hierzu einen Vorhersagedienst im Internet eingerichtet, der mit 70%iger Wahrscheinlichkeit den Verlaufsweg eines Taifuns prognostiziert und grafisch auch sehr ansprechend darstellt. Zweimal blieben wir bisher verschont, einmal davon nur knapp.

Zu den Höhenpunkten im Sommer zählt sicherlich das Gion Matsuri Festival in Kyoto. Seit dem Jahr 970 findet dieses Festival regelmäßig einmal pro Jahr Mitte Juni in Kyoto statt. Erstmalig erwähnt wurde es übrigens schon 869, dann jedoch zunächst nur in unregelmäßigen Abständen wiederholt. Das Hauptereignis bildet ein Umzug von 66 zum Teil bis zu 20 Meter hohen, überaus reichlich geschmückten Holzwagen sowie ein Fest am Vorabend des Umzuges. Ein ganz traditionelles Fest mit Hunderttausenden von Besuchern; eines der größten in Japan. In seinen Ursprüngen diente das Festival dazu, das Land von einer todbringenden Epidemie zu befreien, die durch die Verärgerung einer Gottheit ausgelöst worden war. Jede Provinz im Land stelle hierfür einen Wagen bereit. Inzwischen wetteifern Gruppen von Händlern und Ladenbesitzern darum, die großen und schweren Festwagen auszustatten und vom Yasaka Schrein im Stadtteil Gion per Hand durch die Straßen von Kyoto zu ziehen. Hierzu bedarf es einiger Kraftanstrengungen, denn alleine die Räder der Wagen sind teilweise mannshoch und auch überaus schwierig zu lenken. Dies geschieht durch Keile, die während der Fahrt zur Regulierung der Fahrtrichtung unter die Räder geschoben werden.

Die Straßen, durch die sich der Umzug bewegt, sind den Abend zuvor noch mit Menschenmengen gefüllt. In freundlicher Atmosphäre wird durch die Stadt geschlendert. Die Wagen laden zur Besichtigung ein, diverse Essensstände zum Verzehr. Die Stadt gleicht einer wandelnden *yukata*-Ausstellung, so wie der leichte Sommer-Kimono aus Baumwolle für Frauen und Männer genannt wird. Die Farbenpracht und die Einzigartigkeit jedes einzelnen Kimonos sind dabei immer wieder überraschend und überwältigend zugleich.

Einen weiteren Höhepunkt bilden die sommerlichen Feuerwerke (*hanabi*), die Anfang August beginnen. Wie das Kirschblütenfest im Frühling ziehen auch sie die Menschen in riesigen Trauben an. Die seinerzeit weggelegten blauen Plastikplanen werden entstaubt, wieder herausgeholt und an Stränden sowie Promenaden ausgebreitet. Vorher lässt sich anhand der Anzahl der Leuchtkörper das gewünschte Feuerwerk aus verschiedenen Reklamebroschüren auswählen. 3 000 sollen es am Strand von Ashia, einem Vorort von Kobe, werden. Nach einem längeren Fußmarsch von der Bahnstation und der damit wieder einmal verbundenen Überschätzung der japanischen Maßstabsgenauigkeit von Stadtplänen wird das Ziel gerade noch pünktlich erreicht. Wenige Minuten später beginnt bereits das Feuerwerk, das mit vielen »Aahhs« und »Oohhs« kommentiert wird und tatsächlich, was insbesondere Knalleffekte und Farben angeht, etwas ganz besonderes darstellt. Es dauert knapp 30 Minuten und endet mit einem goldfarbenen Feuerregen, der die Menschen am Strand im Verhältnis dazu wie kleine Kieselsteine erscheinen lässt.

Nach den Sommerferien geraten das Projekt in der Firma, aber auch die Vorbereitungen für das Oktoberfest an der Deutschen Schule derweil in die heiße Realisierungs-Phase. Während es bei Christiane um die Kuchen-Produktion geht, sind in der Firma Programme zu erstellen, Schulungs- und Testvorbereitungen zu treffen und anschließend durchzuführen sowie das System - ähnlich wie den Kuchen - in einer produktiven Umgebung aufzubauen. Im Unterschied zum Kuchen wird die einzuführende Software jedoch insgesamt wohl nachhaltiger sein.

Gelegentlich bedarf es dabei externer Unterstützung. Sei es durch externe Beratung (Firma) oder Konditoreien (Schule). Christiane jedenfalls gelang es, den leitenden Manager eines in Mikage ansässigen »Konditorateliers Secession« davon zu überzeugen, dass das Sponsoring des Kuchenbuffets eine wichtige und lösbare Aufgabe wäre, wenn er doch selbst zwei Kuchen beisteuern würde. Und tatsächlich stimmt er nach einigen Tagen Bedenkzeit zu. Dies erfolgt mit dem Hinweis, dass es sich um eine einmalige Unterstützung handelt, und in wohlwollender Erinnerung an einen zurückliegenden Aufenthalt in Deutschland. Damit verbunden ist die Bitte, ein wenig Werbung zu betreiben, was schleichenderweise hiermit geschehen ist. Externe Beratung von Firmen erfolgt dagegen in Japan eher langfristig und mit entsprechender Fakturierung.

Oktoberfest

Als anlässlich des siebenjährigen Jubiläums der Internet-Suchmaschine Google sieben Tortenstücken auf deren Internet-Seite erscheinen, glauben Simon und Felix bereits ihr Vater hätte diese Seite manipuliert. Dies ereignet sich wenige Tage vor dem Oktoberfest an der Deutschen Schule in Kobe, wo die Nerven bereits brach liegen, Christiane mit dem Kuchenbuffet betraut ist und wir einen vierköpfigen Besuch für zwei Wochen erwarten. Bis zur letzten Minute ist ungewiss, ob die hochgerechnete Anzahl an Kuchen überhaupt die richtige Schätzung war und ob das Ziel erreicht wird.

Unser Gefrierschrank ist bis an seine maximale Kapazitätsgrenze mit selbstgebackenen Kuchen gefüllt; das Wort »Kuchen« aus dem täglichen Sprachgebrauch gewichen. Auch der Appetit auf Süß- bzw. Teigwaren ist deutlich gesunken. Bis eben diese Internetseite von Google fast zur weiteren Eskalation geführt hätte. Aber eben nur fast, denn schließlich fügt sich alles zum Guten. Selbst aus Deutschland erreicht uns ein Angebot zum Backen und Versenden eines Nusskuchens. Am

Ende wird die ursprünglich geschätzte Anzahl mit 140 Kuchen sogar übertroffen und zum Erstaunen aller bleiben nur einige Stücken übrig. Das Oktoberfest wird bei sommerlichem Wetter und etwa 800 Besuchern ein voller Erfolg.

Bratwürste mit Sauerkraut und Kartoffelsalat, Bier und zünftige, von einem japanischen Blasorchester gespielte Musik sowie eine Tombola, von der noch zu berichten sein wird, haben den wie immer enormen Kraftakt von Eltern, Lehrern und angereisten Gästen belohnt. Auch der bereits erwähnte Manager des in Mikage ansässigen »Konditorateliers Secession«, welcher auf seiner Visitenkarte den Titel Direktor trägt, lässt es sich nicht nehmen und überzeugt sich persönlich von dem Gelingen des Festes, als er die beiden gesponserten Torten eigenhändig vorbeibringt; wie auch die anderen Kuchen ein kulinarischer Augen- und Gaumenschmauß.

Einen Höhepunkt bildet jedes Jahr eine Tombola mit zahlreichen Preisen. Während die Sofortgewinne gleich an den glücklichen Gewinner oder die Gewinnerin ausgegeben werden, wartet eine Abschlussziehung auf noch glücklichere Adressaten. Etwa die letzten 20 Preise werden handverlesen und im größeren Rahmen übergeben. Das Ritual wird durch den deutschen Generalkonsul aus Osaka gebührend eingeleitet.

Nun hat das Los-Kaufen bei uns eine gewisse Tradition. Daher haben sich in den Hosentaschen von Simon und Felix bereits eine gewisse Anzahl zerknüllter Lose angehäuft, dies es noch schnell gilt, in eine aufsteigende Reihenfolge zu bringen. Die Glücksfee will es, dass unsererseits einige der Hauptpreise ergattert werden. Darunter ein Paar hand- und damit maßgefertigte Kinderschuhe von Meister Edi, einem Vater an der Deutschen Schule, der ein orthopädisches Schuhfachgeschäft in Kobe besitzt. Felix braucht jedoch sein angespanntes Strahlen bei der Gewinnübergabe kaum abzustellen, denn schließlich ergattert er auch noch den zweiten Preis: Eine Übernachtung für zwei Personen mit Frühstück im Ritz Carlton in Osaka. Noch laufen die Sondierungsgespräche, doch die Chancen stehen gegenwärtig gut, dass seine Eltern von diesem Gewinn profitieren werden.

Als tags darauf die Klassen- und Kindergartenräume ausgefegt und gewischt sind, ist auch dieses Oktoberfest zu Ende. Gleichzeitig ist unser vierköpfiger Besuch, dessen Hälfte aus Nürnberg kommt, um die Erfahrung eines Oktoberfestes außerhalb von München reicher. Japaner hingegen neigen häufig zur Annahme, dass ganz Deutschland zu dieser Zeit aus einem einzigen Oktoberfest besteht. Dies mit Hilfe des geografischen Weißwurst-Äquators zu erklären, ist jedoch regelmäßig schwierig. Ein Hinweis noch für die Bier-experten unter den Lesern: Das im Übrigen sehr gut schmeckende japanische Bier wird hier mit echten Eis-quadern innerhalb der Zapfanlage gekühlt. Dazu kommt bei solchen Festen wirklich noch der Eismann vorbei und trägt die schweren Eisblöcke mit einem Art Fleischerhaken, der natürlich keiner ist, von seinem Wägelchen zur Kühlstätte.

Lange Zeit war es schwierig, der Klage einiger eher konservativer Japaner zu folgen, dass ein gewisser ge-sellschaftlicher Wandel schleichend um sich greift. Nun scheint auch für Außenstehende ein winziges Indiz da-für gefunden zu sein. Die japanische Sprache ist ob ihrer verschiedenen Höflichkeits- und Hierarchie-formen bekannt. Dabei nimmt ein Kunde oder der Vor-gesetzte jeweils die höhere Position ein und ist ent-sprechend auch formvollendet anzureden. Insbesondere bei privatwirtschaftlichen Unternehmen spielt dies also eine große Rolle.

Nun schärft die tägliche Fahrt mit der Hankyu-Bahn selbst ein laienhaftes Gehör. Mit dem Garderoben-wechsel von Sommer- zur Herbst- bzw. Wintermode der Bahnangestellten entgeht daher auch dem Zugerei-sten nicht eine kleine sprachliche Revolution. Eine deut-liche Wendung zum Unhöflichen; jedenfalls laut der bisher erlangten Sprachkenntnisse. Was ist passiert?

Während in Deutschland die Anzahl der Angestellten in U- und S-Bahn auf das Mindestmaß, also den Fahrer, reduziert ist, gibt es hier auf den Bahnhöfen und auch innerhalb der Züge weitaus mehr Angestellte. Wie bereits erwähnt, existiert eine Art Zugbegleiter im letzten Waggon, der neben dem ordnungsgemäßen Ein- und Aussteigen der Fahrgäste auch für sämtliche Lautsprecheransagen in der Bahn während des Haltens und der Fahrt verantwortlich ist. Bei der Hankyu-Linie handelt es sich bis auf eine einzige Ausnahme stets um männliche Zugbegleiter, die in einer Vielzahl von Stimmlagen und Geschwindigkeiten ihre Ankündigungen den Fahrgästen preisgeben. Eine davon ist der Name der nächsten Station. Seit Anfang Oktober hat sich das Vokabular an einer winzigen Stelle fast unbemerkt geändert: Statt »Bitte beachten Sie, der nächste Bahnhof wird ... sein« wird nunmehr sinngemäß gesagt: »Nächster Halt ...«. Linguistisch ist dies sicherlich sehr verkürzt dargestellt und jeder Japaner wird sich bei der vereinfachten Übersetzung die Haare raufen, doch der Kern liegt eigentlich in folgendem Problem. Genau die gleiche Sprachwendung gebraucht die konkurrierende staatliche JR-Linie seit langem, während die private Hankyu-Bahn bisher als durchaus höflicher galt. Nun also das. Kennzeichen eines gesellschaftlichen Wandels oder Pragmatismus?

Anlässlich eines jährlich wiederkehrenden Jubiläums macht sich Mitte Oktober ein Handtaschenkauf erforderlich. Damen-Handtaschen sind in Japan sehr beliebt, und man trägt sie weniger am langen Riemen über die Schulter als vielmehr in der Hand oder gegebenenfalls kurz über die Achseln geschultert. Mit zunehmendem Alter der Trägerinnen nimmt auch die Signalfarbe der Taschen ab. Während von der Jugend Taschen der inzwischen zum Lifestyle Unternehmen gemauserten Firma Puma favorisiert werden, trägt die Dame im seriöseren Alter weitaus gesetztere Farben. Etwa Schwarz oder Braun; aber Qualitätsware mit einem Namen sollte es schon sein. Louis Vuitton steht dabei inzwischen auch bei dem etwas jüngeren Publikum ganz oben in der Gunst und in der Preisskala.

Von einem solchen Fachgeschäft wird jedoch abgesehen, und auf ein Kaufhaus orientiert, was einen guten Ruf und ein umfangreiches Sortiment besitzt. Das Daimaru in der Innenstadt von Kobe. Die Handtaschenabteilung wirkt überaus stark frequentiert. Bei näherem Hinsehen stellt sich jedoch heraus, dass darunter etwa 20 (in Worten: zwanzig) Verkäuferinnen sind. Bis auf die Entscheidung für ein bestimmtes Modell, welches im Regal extra auf einer weißen Stoffserviette steht, geht der Kauf dann an und für sich schnell vonstatten. Auf Nachfrage nach einer Kunden- oder Bonuskarte, um ein paar Prozentpunkte zu sparen, wird der Vorgang jedoch ab diesem Zeitpunkt kompliziert. Die sichtlich bemühte junge Verkäuferin versucht auf Englisch zu erklären, dass eine einmalige Gebühr mit dem Erwerb der Kundenkarte fällig wird. Wichtig ist ihr insbesondere, dass es sich wirklich nur um einmalige und nicht um jährliche Kosten handelt. Da ihr dies wegen der Sprache und der Kosten einerseits unangenehm ist und andererseits Japaner hilfsbereite Menschen sind, hat sie schließlich folgende Idee: Auf der Rückseite einer Visitenkarte schreibt sie einfach alles auf. Man möge den Text einem Freund oder Kollegen zwecks Übersetzung zeigen.

Der Inbegriff Japans für Kinder sind häufig die *sumo*-Ringer. Ein Jahr mussten wir warten, um auch in diesen Genuss zu kommen. Eigentlich zieht der Tross der Profiringer wie einst die Sechstage-Radrennfahrer durch die Städte des Landes. Die Saison hierfür startet gewöhnlich im Frühjahr. Doch der Zufall will es, dass die 13. Weltmeisterschaften im *sumo*-Ringen der Männer im Oktober in Osaka stattfinden. Und nicht nur das: Auch die vierten Weltmeisterschaften der Frauen finden zur gleichen Zeit statt. Spontan stellen sich folgende Fragen: Auf welchen Anblick müssen wir gefasst sein? Wie international ist der Wettbewerb? Und was erwartet uns überhaupt?

Doch der Reihe nach. *Sumo*-Kämpfe finden in einem Ring (*dohyo*) statt und werden ähnlich wie beim Boxen von einem Ringrichter (*gyoji*) geleitet. Dabei assistieren fünf weitere Kampfrichter, die um den Ring herum sitzen. Der Kampf selbst ist von vielen Ritualen begleitet, die manchmal länger dauern, als der Kampf selbst. Bis auf einen Lendenschurz (*mawashi*) sind die Ringer normalerweise nackt, so dass der Anblick für Ästheten nicht unbedingt geeignet ist. Frauen spielen hier jedoch eine Ausnahme. Sie tragen eine Art Badeanzug. In Kombination mit dem Lendenschutz erweckt das allerdings von weitem den Eindruck, als würden sie mit einem Schwimmring am Beckenrand stehen. Als wir an der überdachten, aber seitlich offenen Halle eintreffen, stoßen wir gleich auf die deutsche Mannschaft. Wer hätte das gedacht? Deutsche *sumo*-Ringer in Japan!

Den Kampf verloren hat derjenige, wer mit einem anderen Körperteil als dem Fuß den Boden berührt, wer aus dem Ring gedrängt wird oder einen Regelverstoß begeht. Um als olympische Sportart anerkannt zu werden, wurde *sumo* in verschiedene Gewichtsklassen eingeteilt. So kommt es, dass bei der offiziellen Eröffnungszeremonie ganz unterschiedliche Größen, Gewichte und Figuren zusammenkommen. Die japanischen, mongolischen und osteuropäischen Kämpfer, die wie alle anderen im Team sowie einzeln antreten, können erwartungsgemäß die meisten Kämpfe für sich entscheiden. Erstaunlich ist aber, dass auch das deutsche Team in unserem Beisein zwei Gold- und eine Silbermedaille im wortwörtlichen Sinne »erringt«.

In den letzten Wochen sind wir durch Christianes Aufenthalt im Krankenhaus aufgrund einer akuten Lungenentzündung nur ganz eingeschränkt beweglich. Und doch macht sich langsam der Herbst bemerkbar. Die Bäume beginnen sich allmählich zu färben und ein Plan, der am Hankyu-Bahnhof hängt, gibt bereits Auskunft, welche Blätterfarben wo erreicht sind. Am Dienstag schüttelt und rüttelt sich die Erde dann zum dritten Male, vielleicht vor Freude, weil Christiane das Krankenhaus in diesem Augenblick erfolgreich überstanden und verlassen hat.

Winter

Japaner unterhalten sich häufig und gerne über das Wetter. Dazu haben sie in letzter Zeit auch oft Gelegenheit. Nach einem prächtigen Herbst mit wundervollen Farben kam der diesjährige Winter plötzlich und überraschend; sogar heftiger Schneefall ist am 22. Dezember zu verzeichnen. Zur gleichen Zeit des Vorjahres reichte es gerade noch, sich ein Sweatshirt überzustreifen. Dagegen hört man nun an allen Ecken: »Samui desu!« - »Samui desu ne!« Was sinngemäß soviel bedeutet wie: »Es ist kalt geworden, nicht wahr?« - »Ja, es ist wirklich kalt!«. Das Sweatshirt wird gegen Wintermode eingetauscht.

Wenn es draußen kalt ist, bedeutet es zwangsläufig, dass es drinnen fast ebenso kalt ist. Ein extra angeschafftes Thermometer zeigt beständig, fast stoisch, jeden morgen etwa 10-12 °C Innentemperatur in Wohnzimmer und Küche. Auch die kalte Nase am Morgen ist ein guter Indikator. Im Schlafzimmer ist es zwar etwas wärmer, dafür aber feucht und beschlagen. Abhilfe schaffen kleine Halbliter-Behälter, welche die

Feuchtigkeit mit katzenstreuähnlichen Krümeln aus der Luft saugen und auf den Boden des Behälters tropfen lassen. Etwa zwei bis drei Liter konnten auf diese Weise im letzten Winter aufgefangen werden.

Die Vorweihnachtszeit beginnt in Umeda. In dem modernen Stadtteil von Osaka findet auch in diesem Jahr wieder ab Mitte November der deutsche Weihnachtsmarkt statt. Auch die Deutsche Schule zeigt Präsenz und unterstützt musikalisch die Auftaktveranstaltung. Simon und Felix halten sich dabei lieber in einer der hinteren Reihen. Man muss sich ja nicht immer in den Vordergrund drängen. Käthe Wohlfahrt ist mit ihrem Weihnachtsbaumschmuck genauso wieder vertreten wie die bereits heiß ersehnten Bratwurst- und Glühweinstände. Das Sky Building lädt mit seinem Innenhof jedoch nicht nur zum Weihnachtsmarkt, sondern auch zu einem grandiosen Ausblick von der Aussichtsplattform über das nächtliche Osaka ein.

Gerade von dem kräftigen Glühwein erholt, heißt es am nächsten morgen: Stühle rücken an der Deutschen Schule. Und das im wahrsten Sinne des Wortes. Die alten Möbel etwa aus der Zeit der siebziger Jahre, die aus Deutschland stammen, und auf denen vielleicht sogar der eine oder andere Leser einst gesessen hat, sollen gegen eine an diesem Tag erwartete Lieferung neuer Möbel ausgetauscht werden. Beim Herausräumen der Möbel finden sich noch viele dankbare japanische Abnehmer. Bis die jeweils etwa 700 Kilo schweren, sieben riesigen Kisten von den Transportern abgeladen werden, gilt es, die Zeit noch sinnvoll zu überbrücken: Aufräumen in den dunkelsten Ecken der Schule. Was dabei an das Tageslicht kommt, hat mancherlei Charakter. Wenn nicht musealen, doch dann zumindest zweifelhaften.

Als dann der erste Transport sich vor dem Schultor in Position bringt und die schwere Pressspankiste mit einem elektrischen Kran heruntergehoben wird, sind alle schon ganz gespannt auf den Inhalt. Klein und Groß beobachten gebannt, wie die Kiste dann mit schweren Hammerschlägen geöffnet wird. Zum Vorschein kommen moderne, rote, blaue und grüne Tische und Stühle, die allen sogleich gefallen. Jeder Klassenraum wird bestückt, und zur Überraschung der anwesenden Lehrer wurden auch gleich noch neue Schreibtische für sie mitbestellt. So hat jeder sein ganz spezielles Interesse, möglichst schnell das Klassenzimmer wieder aufzufüllen.

Doch bei der dritten Kiste kommt es zu einem unerwarteten Zwischenfall. Erneut hat ein Transporter vor dem Schultor geparkt und mit dem Abladen begonnen. Die Straße vor der Schule ist sehr schmal und nur von einem Auto gleichzeitig befahrbar. Gerade in diesem Augenblick biegt ein Auto von der Bergseite her in die Straße und kommt demzufolge nicht an dem Transporter vorbei. Dies ist an sich kein Problem, doch handelt es sich bei dem Fahrer, wie sich später herausstellt, um einen - wenn schon nicht stadtbekannten, dann zumindest stadtteilbekannten - Querulanten, der hier natürlich seine Berufung findet. Da er nicht vorbeikommt und auch nicht zurückfahren will, stellt er sein Auto so vor das Schultor, dass auch der Ladeprozess nicht fortgesetzt werden kann. Also ein blockadeähnlicher Zustand. Zu allem Überfluss ruft er die Polizei an, notiert sich akribisch zahlreiche Informationen in einem kleinen Notizbuch und entfacht zahlreiche Diskussionen. Derweil sitzt seine Frau mit dem Hund auf dem Schoß im Auto.

Das alles wäre nicht so bemerkenswert, wenn es sich nicht um einen Japaner handeln würde. Eine einvernehmliche Lösung scheint in diesem Falle nicht das Ziel. Dem bald eintreffenden Polizeibeamten wird es dann aber auch relativ schnell zu bunt, und er findet eine salomonische Formel, bei der keiner das Gesicht verliert. Der Fahrer des Transporters kümmert sich um eine großzügigere Sperrung der Straße und der Querulant gibt seine Blockade auf. Das muntere Stühle- und Tischerücken kann daraufhin fortgesetzt werden. Die Möbel stammen von zwei Fabrikanten aus Österreich, die sie der Schule zu günstigen Konditionen zur Verfügung gestellt haben, ebenso wie eine deutsche Speditionsfirma, welche die Transportkosten per LKW und Schiff nach Japan übernommen hat.

»Europa in fünf Tagen« so oder so ähnlich stellt sich das übliche Bild einer japanischen Reisegruppe dar. Wir wollen das Gleiche einmal selbst in Japan ausprobieren. Aufgrund mangelnder Erfahrung und Kondition selbstverständlich nur in geringerem Umfang. Kyushu, die südlichste der großen japanischen Inseln, soll über Weihnachten in fünf Tagen bereist werden. Unseren bewährten Weihnachtsbaum stellen wir daher schon etwas früher auf. Er wird sich bis nach unserer Rückkehr gut halten. Das hat er das ganze Jahr über - zerlegt in einer Plastiktüte - schließlich auch getan. Nur bei dem Nadelduft muss immer etwas nachgeholfen werden. Aber wozu hat man schließlich ein Räuchermännchen?

Unsere Kurzreise umfasst folgende Etappen und Stationen: 12-stündige Anreise mit dem Schiff von Kobe durch die Inlandsee nach Beppu an die Ostküste von Kyushu. Dort zwei Tage vor Ort einschließlich Bescherung (wichtig für die Kinder!) am Weihnachtsabend im Hotelzimmer. Weiterfahrt mit einem Überlandbus Richtung Kumamoto mit Zwischenstopp auf dem Berg Aso (Motivationsziel für die Kinder: aktiver Vulkan!).

Eine Übernachtung in Kumamoto in einem Hotel rein japanischen Stils; einem sogenannten *ryokan*. Weiterfahrt am nächsten Tag mit einem Schnellboot auf die Halbinsel Shimabara, dann mit einem sehr ländlichen Nahverkehrszug sowie einem modernen Schnellzug bis nach Nagasaki. Dort wiederum eine Übernachtung und schließlich am nächsten Nachmittag Rückfahrt nach Kobe per Schnellzug und *shinkansen*. Nicht ganz wie eine japanische Reisegruppe, aber dennoch schon recht sportlich.

Die gute Nachricht ist: Wir haben es geschafft, und es war noch nicht einmal richtig anstrengend. Die Schlechte ist: Die Insel ist auch im Winter so sehenswert, dass fünf Tage eigentlich zu kurz sind. Doch der Reihe nach ein paar Begebenheiten dieser unvergleichlichen Reise. Auf der Schiffsfahrt durch die Inlandsee erwartet uns eine Kabine mit zwei Doppelstockbetten. Immerhin mit Außenfenster; ein Vorteil gegenüber den Innenbundkabinen. Auch in der Kabine gilt es, die Schuhe gegen Latschen einzutauschen, kaum, dass man den Raum einen halben Meter betreten hat. Die Betten sind relativ bequem und besitzen die Möglichkeit, mit einem Vorhang verdunkelt zu werden. Da wir gegen 22.45 Uhr in Kobe losfahren, sind wir auch müde genug, gleich einzuschlafen. Viele Japaner nutzen jedoch die Gelegenheit, das Schwimmbad an Bord (*ofuru*) noch zu später Stunde zu besuchen. Wir werden diese Form des japanischen Bades erst in den Folgetagen an Land genießen.

Am frühen Morgen werden wir durch Lautsprecheransagen aus dem Bett gerissen. Der erste und einzige Zwischenstopp wird so fulminant angekündigt, als müssten alle Passagiere das Schiff sofort verlassen. Die Nachtruhe ist damit zu Ende. Dennoch benötigen wir noch ein bisschen Zeit; genauso lange, wie das einzige Restaurant noch geöffnet hat. Kaum dass wir eintreffen, wird schon wieder abgedeckt. Beim Einlaufen in Beppu zeigt sich ein versöhnlicher, herrlicher Blick auf die Hafenstadt und die unmittelbaren dahinter angrenzenden Gipfel der zum Teil schneebedeckten Berge.

Japanische Bäder haben ihre eigene Tradition. In Beppu gibt es davon zahlreiche Öffentliche, was auch mit den heißen Thermalquellen in dem Ort zusammenhängt. In manchen Teilen der Stadt qualmt und raucht es aus allen denkbaren Öffnungen: Kanaldeckel, Bächen, Rohren und Quellen. Durch den Wind ständig wechselnde Rauchsäulen prägen hier das Bild. Auch unser Hotel hat ein eigenes Bad, was uns sehr willkommen ist. Vor der Benutzung ohne jegliches Textil ist jedoch eine gründliche Reinigung mit Seife vorgeschrieben. Dazu platziert man sich auf einem Hocker, auf dem schon viele Vorgänger saßen, unter einer Art

Dusche. Die Bäder sind in der Regel für Männer und Frauen getrennt. Das Hauptbecken enthält sehr heißes Wasser, so dass die Luft ständig feucht und neblig ist. Teilweise gibt es Innen- und Außenbecken. Schwimmen oder sonstige sportliche Betätigung ist nicht möglich und auch nicht gewollt.

Ein Tagesausflug bringt uns nach Yufuin, etwa eine Stunde von Beppu entfernt. Dort findet sich ein kleiner See namens Kinrin, über den malerische Nebelschwaden ziehen. Ein Museumsdorf unweit des Sees bietet die Möglichkeit, japanische Handwerker zu beobachten. Simon ist insbesondere von der Fertigung eines zweistöckigen Kreisels begeistert. Den höchsten Punkt unserer Reise erreichen wir bei unserer Fahrt mit dem Überlandbus auf dem Berg Aso, einem noch aktiven Vulkan, dessen einziger rauchender Krater Nakadake touristisch erschlossen ist. Das kurze Stück vom Busparkplatz bis zur Krateröffnung in knapp 1 300 Meter Höhe wird mit Hilfe einer Bergbahn überwunden. Aufgrund des frühen und kalten Winters liegt dort bereits viel Schnee. Dennoch ist ein unbeschwerter Blick in die Krateröffnung mit einem grün schimmernden Kratersee möglich. Auch die übrige Bergwelt bietet einen wunderbaren An- und Ausblick.

Ganz unbeschwert ist der Start zu dieser Bergfahrt jedoch nicht, denn kaum waren wir mit dem Bus vorgefahren, stürzt die kleine Busgesellschaft hinaus. Wohin auch immer, aber plötzlich sind alle verschwunden. Eine heftig gestikulierende Japanerin, die irgendwie zur Bergbahnstation gehört, versucht uns irgendetwas zu erklären. Auf diese Weise kommen wir jedoch nicht zu einander, schließlich wollen wir ja zum Krater. Sie deutet an, ihr zu folgen. Wir kaufen hingegen unsere Fahrscheine. Sie unternimmt einen weiteren Versuch, dem wir nun mehr missmutig als bereitwillig folgen. Letztendlich stellt sich heraus, dass für die ganze Busgesellschaft ein Mittagessen reserviert war und auf uns wartete. Die verlorene Zeit müssen wir durch schnelleres Essen wieder wettmachen.

Die Übernachtung im *ryokan* in Kumamoto beschert uns gewissermaßen einen ganz japanischen Tag. Das Abendessen wird in einem Nachbarzimmer vorbereitet und dort serviert. Während jeder nach seinen Möglichkeiten schlemmt, werden die Betten (*futons*) vom Hauspersonal in unserem Zimmer gerichtet. Und am nächsten Morgen wartet dann bereits ein japanisches Frühstück auf uns. Eine besondere Erfahrung, die wir nicht missen möchten. Und doch freuen wir uns auch tags darauf in Nagasaki auf ein westliches Hotel zu treffen, bevor wir die Heimreise wieder antreten.

Chinesisches

Es gibt ausgewählte Situationen, in denen es sinnvoll ist, in Japan besser das Weite zu suchen. Und dies in mehrfacher Hinsicht. Denn trotz aller Erfahrungen seit Kindesbeinen mit dem Zusammenleben auf engstem Raum wird auf andere Mitmenschen nicht immer gleichviel Rücksicht genommen. Da sei zunächst das Überqueren der Straßen auf weiß getünchten Markierungen erwähnt; weitläufig als Zebrastreifen bekannt. Sie dienen in Japan eher der optischen Auflockerung des Asphalts als dem sicheren Überqueren der Fahrbahn. Lediglich zwei von zehn Autofahrern halten, um dann aber, wenn es schon dunkel ist, sogar auf Abblendlicht zu schalten, um die Fußgänger nicht zu blenden.

Die übrigen acht Autofahrer lassen die Fußgänger links oder rechts stehen; zum Teil auch, weil sie mit anderen Dingen beschäftigt sind. Wie zum Beispiel Telefonieren oder Rasieren. Wie soll da auch eine Wahrnehmung des Randgeschehens erfolgen? Während also das erfolgreiche Überqueren der Straßen stets ungewiss ist, haben auch auf den Gehwegen die Zweibeiner häufig das Nachsehen. Schließlich teilt man sich diese mit den Fahrradfahrern, die zu diesem Zwecke gern durch ein fröhliches Klingeln auf sich aufmerksam machen. Im Dunkeln kann man meist nur noch zur Seite springen. Welche dabei die Richtige ist, sei eher dem Zufall überlassen. Denn häufig sind Fahrradfahrer zu diesem Zweck vorsichtshalber gleich ohne Licht unterwegs.

Eine weitere Situation, in der es angenehmer wäre, sich in Luft aufzulösen, ist die Benutzung der Nahverkehrsmittel im Berufsverkehr, sofern man lediglich über einen Stehplatz verfügt. Bei größeren Umsteigebahnhöfen herrscht oftmals eine derartige Fluktuation, dass die Wahrscheinlichkeit groß ist, genau an der falschen Stelle zu stehen. Das hängt aber auch mit einem ganz speziellen Verhalten der Japaner beim Erreichen des Bahnhofes zusammen. Ein Hundertmeterläufer unter den Leichtathleten hat bestimmt kaum ein besseres Reaktionsvermögen. Bis zur letzten Hundertstel bleiben nämlich alle japanischen Mitreisenden sitzen; sei es im Halb-, Tief- oder auch Wachschlaf. Doch kaum, dass der Zug hält, erwachen alle zum Leben und zu ungeahnten Sprinterqualitäten. Alle springen auf, und man selber besser zur Seite.

Die nicht ganz überraschenden Winterferien in Berlin bescheren uns dennoch kurzfristigen Besuch aus

Deutschland. Diese willkommene und sehr nette Abwechslung bringt uns bewährte touristische Höhepunkte wieder einmal näher. So zum Beispiel Kyoto, der bisher schönsten japanischen Stadt, die etwa 1½ Stunden von Kobe entfernt liegt. Einige wenige der überaus vielen Sehenswürdigkeiten lassen sich an einem Tag erkunden; das Übrige bleibt im Ungewissen. Mit in das Standardprogramm haben wir seit letztem Jahr einen Abstecher zum Fushimi-Inari Schrein in Südkyoto aufgenommen. Seine Besonderheit bildet eine Gasse von etwa 10 000 roten Toren (*toriis*), die von Geschäftsleuten gestiftet wurden und einen wunderbaren, knapp zweistündigen Spaziergang bieten. Der großzügige Spendername ist im Übrigen auf der Rückseite der *toriis* vermerkt. Aufgrund der Vielzahl der roten Tore lässt sich immer wieder beobachten, wie das eine oder andere neue Tor errichtet oder ein bestehendes repariert wird. Eine Reparatur ist schon deswegen nach einigen Jahren notwendig, weil die Tore in der Regel aus Holz bestehen.

Häufig bieten die weithin bekannten *toriis* des Fushimi-Inari Schreins eine illustre Filmkulisse. Auch in dem kürzlich in Deutschland angelaufenen Hollywood-Streifen »Die Geisha« dienen sie als Szenenbild. Eine große Hamburger Wochenzeitung, die uns in Japan regelmäßig erreicht, äußert - um es noch wohlwollend zu formulieren - eher verhaltene Kritik zu dem Film. Insbesondere die zugrunde liegende historische Geschichte von Arthur Golden wird als »gehobene Supermarktlektüre« bezeichnet. Dabei wird nicht unerwähnt gelassen, dass japanische Kritiker dem amerikanischen Film besonders übel nehmen, dass chinesische Frauen japanische Geishas darstellen. Andererseits verübeln es chinesische Kritiker, dass ein Star des chinesischen Films eine Frau des vormaligen »Feindes« verkörpert, zu dem auch heute die Beziehung nicht ganz unbelastet ist. Mit anderen Worten: Am Ende also eine sehr vertrackte Geschichte, die Hollywood hier eingefädelt hat. Während des Lesens der kritischen Hamburger Worte verbunden mit einigen Szenen aus dem Film, die sich im Hinterkopf befinden, fühlt man sich selbst schnell in einen Film hineinversetzt. Wie unwirklich erscheint dann diese morgendliche Fahrt in der Hankyu-Bahn, wenn man anschließend in die Runde der japanischen Gesichter schaut. Wer ist hier Teil eines Filmes, wer Zuschauer?

Wie dicht Japan und China dann eben doch miteinander verwoben sind, zeigt das traditionell bedeutende chinesische Neujahrsfest zum ersten Vollmond im Januar, welches auch in China Town in Kobe festlich begangen wird. Zahlreiche Umzüge, Drachentänze, Zeremonien und Musik begleiten diese große Feier. Ganz

China Town wird von Schaulustigen bevölkert, und wir haben Glück, einen Teil eines abendlichen Drachentanzes mitzuerleben. Der im Inneren blau-grün-rot schimmernde Drachen wird an etwa zehn anderthalb Meter langen Stäben von den Darstellern rhythmisch zu traditionellen, musikalischen Klängen bewegt. Die Kunst besteht darin, ihn gleichförmig und dauerhaft in Bewegung zu halten. Tags darauf sehen wir noch zusätzlich einen kleinen, farbenfrohen Umzug.

Das Neujahrsfest ist natürlich eine willkommene Einstimmung auf unsere Kurzreise nach Hong Kong Mitte Februar. Knapp drei Tage sind ein sehr sportliches Unterfangen für diese Stadt. Wir setzen also unsere Reisen japanischen Stils fort, die wir in Kyushu zur Weihnachtszeit begonnen haben. Nach vier Stunden Flugzeit abzüglich einer Stunde Zeitunterschied landen wir in Hong Kong, dessen Flughafen wie der von Osaka mitten im Meer liegt. Die kritischen und strengen Augen der chinesischen Einwanderungsbehörde mustern unsere Pässe, nachdem wir aufgrund des großen Ansturms anderer Einreisewilliger bereits eine längere Wartezeit hinter uns haben. Es ist die Einstimmung auf eine andere Welt, die wir nun betreten.

Eine sehr geschäftige Welt. Laut, mit spürbar mehr Verkehr in einer dicht bewohnten Stadt, wo man den Kopf sehr oft in den Nacken legt, um die Höhe der

Häuser zu erahnen. Gegensätze wie Alt und Neu, Arm und Reich, Groß und Klein liegen ganz dicht beieinander, vergleichbar beispielsweise mit New York. Plötzlich besitzen Straßen einen Namen, Stadtpläne machen wieder Sinn. Ein Paradies für öffentliche Mülleimer, die in Japan selten anzutreffen sind. Unser Hotel befindet sich sehr zentral auf Hong Kong Island im Stadtteil Causeway Bay. Aufgrund des vorhandenen U-Bahnnetzes sind wir sehr beweglich, nutzen aber gelegentlich auch die Möglichkeit preiswerter Taxifahrten. Überhaupt prägen die roten Toyota Crown Taxis mit ihren beigefarbenen Dächern das gesamte Stadtbild.

Zwei Stadt-Spaziergänge aus einer Reihe von acht verschiedenen, die das Fremdenverkehrsbüro von Hong Kong vorschlägt, haben wir uns im Vorfeld ausgewählt. Sie zeigen uns die Stadt als einen einzigen, riesigen Basar. Teils offen auf der Straße, teils in den weit hineinreichenden Geschäften. Zwischendurch erinnern zahlreiche Häuser und Bauten an die zurückliegende Kolonialzeit. Zunächst starten wir im mittleren bzw. westlichen Stadtgebiet, in dem vor allen Dingen getrocknete Waren und medizinische Produkte angeboten werden. Dann schließen sich einige Straßenzüge mit Antiquitäten an, um die wir natürlich keinen Bogen machen können. Dort treffen wir dann auch auf einen altbekannten Chinesen: Mao Tse-tung. Übriggebliebenes aus

Zeiten der Kulturrevolution lässt sich hier durchstöbern und erwerben. So winkt er bis heute zeitlos vom Ziffernblatt verschiedener Armbanduhren oder Wekker.

Einen Blick werfen wir in den Man Mo Tempel, der eine ganz besondere Atmosphäre vermittelt. Während die Luft mit leichtem Nebel angereichert ist, lässt sich erst auf den zweiten Blick die Quelle dessen erkennen. Im mittleren Bereich des Tempels hängen Hunderte Spiralen in mehreren Lagen von der Decke. Die Spirale ist dabei nichts anderes als ein riesiges Räucherstäbchen. Beides zusammen verleiht dem Raum einen ganz speziellen Charakter. Anschließend führt uns die längste Rolltreppe der Welt bergaufwärts. Über 800 Meter werden die Fußgänger je nach Tageszeit auf einem Laufband entweder aufwärts (10-22.20 Uhr) oder abwärts (6-10 Uhr) befördert. Nur zu Recht weisen Simon und Felix darauf hin, dass es sich eigentlich ja gar nicht um die längste Rolltreppe handelt, weil sie nämlich aus verschiedenen Einzeletappen, nicht jedoch aus einem einzigen Stück besteht. Das wäre jedoch wohl nicht werbewirksam genug.

Das Wetter, welches zumindest konstant, aber nicht besonders schön ist, gewährt uns als nächstes einen beeindruckenden Blick vom Peak auf die Stadtkulisse. Bis zum Peak gelangen wir mit einer schweizerischen

Standseilbahn. Ein überaus köstliches Buffet im Hotel beschert uns schließlich einen unbeschwerten Abend, bevor wir am nächsten Tag zum zweiten Spaziergang aufbrechen. Dieser bringt uns auf das chinesische Festland nach Yau Ma Tei und Mong Kok. Dort schlendern wir über einen Blumen-, einen Vogel-, einen Goldfisch-, mehrere Wochenmärkte sowie schließlich über einen Jademarkt. Viele Waren werden auch hier auf offener Straße feilgeboten. Die Haltungsbedingungen der Vögel und Fische bieten sicherlich nur westlichen Besuchern ausreichend Anlass zur Kritik. Wenige Stunden später passieren wir wieder die Einwanderungsbehörde, die uns diesmal wesentlich entspannter mustert. Wir lassen eine sehr interessante und lebendige Stadt hinter uns, wo die Kommunikation mit den Menschen aufgrund der allseits präsenten englischen Sprache zwar viel einfacher ist, insgesamt aber der Umgangston im Vergleich zu Japan jedoch rau und häufig unfreundlich ist.

Das Projekt in der Firma ist Anfang Januar erfolgreich eingeführt, die Nachbetreuungsphase inzwischen eingeläutet. Als letzter verbliebener deutscher Mitarbeiter gilt es hilfreich zu unterstützen, zu optimieren und gelegentlich ein wenig aufzuräumen. Langsam wird es Zeit, sich wieder auf Deutschland einzustellen. So kommt auch ein Grünkohlessen gerade recht, welches eine aus Norddeutschland stammende Familie der Deutschen Schule Ende Februar im kleinen Kreis ausrichtet. Doch nicht ohne Vorleistung lassen sich deftiges Fleisch, Grünkohl, Kartoffeln und äquatorumfahrener Aquavit genießen. Vorher gilt es drei sportliche Disziplinen zu meistern: Teebeutelweitwurf, Rohrnudeln mit Spagetti aufzuspießen sowie einen am Rücken an einer Schnur befestigten Kugelschreiber in einen Flaschenhals zu befördern. Dem Gewinner winkt ein attraktives »Stehrumchen«. Es wird ein überaus lustiger Abend.

Entsprechend der aktuellen Mode muss es wohl langsam wieder Frühling werden: Die Röcke werden kürzer, die Farben mutiger. Doch noch wechseln sich Sonnen- und Regentage munter miteinander ab.

Um das »Deutschlandjahr« in Japan ist es dagegen inzwischen ruhiger geworden. Hauptsächlich war die deutsche Flagge in den Wintermonaten nur auf den Ärmelstücken oliv-farbener Parker zu beobachten, wie sie bereits Ende der siebziger Jahre in Mode waren. Unsere Abschiedsfeier (*sayonara*-Party) soll dagegen ganz japanisch werden: Unter Kirschblüten im Frühling (*hanami*).

Kobo daishi

Langsam schleichen zwei Männer den Weg entlang der Hochbahntrasse der Hankyu-Bahn. Nach einem frühlingshaften Wochenende hat an diesem Nachmittag Regen eingesetzt, so dass es etwas dunkler als gewöhnlich um die Zeit ist. Da fällt es kaum auf, dass die Beiden vollständig schwarz gekleidet sind, schwarze Taschen tragen und auch die Schirme zumindest dunkelgrau sind.

Indem sie nebeneinander gehen und sich unterhalten, bemerken sie nicht, dass kein anderer Fußgänger auf dem schmalen Weg sie passieren kann. Und während sie längst in der trockenen Bahnunterführung sind, halten sie noch immer die Regenschirme über ihren Köpfen.

Mag es Zufall sein oder nicht, aber gerade in diesen Tagen haben sich in der Firma Steuerprüfer angemeldet. Die beiden sehen diesen irgendwie täuschend ähnlich. Und so liegt es in der Sache des Betrachters, zwei dieser Art gerade vor sich zu sehen. Gemäß dem Motto: Immer im Trockenen und die anderen ein ganz bisschen aufhalten. Doch tatsächlich werden es nur zwei »salarymen« auf dem Weg in den Feierabend sein.

Ansonsten zeigt sich der Frühling in prächtigen Farben. Die Kirschblüte hat ihren Höchststand erreicht. Das entsprechende Plakat an der Bahnstation verkündet bereits vier von fünf möglichen Blüten. Es sei daran erinnert, dass das Kleben dieser kleinen rosafarbenen Kirschblütensymbole den Bahnvorstehern überlassen ist. Bemerkenswert ist übrigens, dass in diesem Jahr die Kirschblüte in Tokyo früher begonnen hat als in der Kansai-Region. Die ersten Sonnenschirme in Fußgängerhänden sind ein untrügliches Kennzeichen für den Frühling. In den Parks unter den weiß leuchtenden Kirschbäumen findet man sich wieder zum *hanami* ein. Und wer einen guten Platz ergattern möchte, reserviert sich diesen nicht mit einem Handtuch, sondern einer blauen Plastikplane.

Unser eigenes *hanami* eine Woche zuvor steht zunächst unter keinem glücklichen Stern. Von der gemeinsamen Klassenfahrt von Felix und Simon und ihren dritten und fünften Klassen auf der Insel Manabe-jima haben beide ein höchst unerfreulichen Gast mitgebracht: Einen hinterhältigen und fiesen Darm-Grippe-Virus. Dieser macht sich nun unter den engen Verwandten der Kinder der Deutschen Schule breit. Und irgendwann ist jeder einmal fällig. Genau in der Nacht vor unserem Abschieds-*hanami* schaut das Virus also auch bei uns vorbei; mit entsprechenden Folgen. Ein Aufschieben ist nicht möglich, so dass wir das Kirschblütenbestaunen ganz gemächlich angehen.

Insgesamt werden es etwa 30 befreundete Eltern sein, die mit uns fröhlich in den Frühling, gleichzeitig aber auch unseren nahenden Abschied feiern. Dabei werden wir nicht selten von Japanern bestaunt, die sich an diesem recht frischen, aber dennoch sonnigen Samstagmorgen ebenfalls an einem Fluß in Shukogawa niedergelassen haben. Dies ist ein recht schmaler, in japanischer Weise eingedämmter Fluss, der für Kinder ungeahnte Spielmöglichkeiten bietet. Zum Beispiel das Werfen mit kleinen Steinchen. Wird dabei die vorgeschriebene, niedrige Flugbahn nicht eingehalten, kann dies zu unerwünschten Nebeneffekten führen. In diesem Falle fliegt das Steinchen in ein japanisches *hanami* auf der gegenüberliegenden Flussseite. Vielleicht war es auch mehr als ein Steinchen.

Darauf kommt es zu einer japanischen Unmutsäußerung und einem weiterem verbalen Austausch mit anwesenden japanischen Eltern der Deutschen Schule. Es eskaliert schließlich soweit, dass eine Abordnung der Kinder unter Führung eines japanischen Vaters den Weg zum anderen Ufer antreten muss. Eine Entschuldigung sowie eine kollektive Verbeugung sorgen dann jedoch wieder für Frieden unter den Kirschbäumen auf beiden Flussseiten.

Manchmal ist es ja von Vorteil, nicht immer alles, oder vielmehr fast gar nichts zu verstehen. Ein abendlicher Abstecher mit zwei Kollegen, davon einem deutsch sprechenden Japaner soll in eine Stehkneipe in Juso führen. In den engen Straßen gibt es ein vielfältiges Angebot, und so kommen wir in ein Lokal, das zwei auf zwei Etagen verteilte Ausschanktresen besitzt. Eine schmale, steile Treppe, die man lieber hoch als runter gehen möchte, führt uns in einen ebenso schmalen Raum. In diesem sowie einem angrenzenden Raum befinden sich etwa noch fünf bis sechs weitere Gäste. An der Bar bedienen zwei Frauen. Eine davon schon recht alt und ein wenig schwerhörig, die andere ist vielleicht ihre nicht mehr ganz so junge Tochter.

Das Bier vom Fass stammt aus Sapporo; es steht zumindest auf dem Bierkrug. Gestanden wird im Übrigen nicht, so dass wir an der Theke sitzen und uns die eine oder andere Kleinigkeit zum Essen bestellen. Da sich die Küche nun im Erdgeschoss befindet, kommt ein kleiner Lastenaufzug ins Spiel. Dieser wird manuell von einer der beiden Frauen gekurbelt und bringt immer wieder Leckeres zum Vorschein. Beispielsweise *yakitori*, gegrillte Hühnchenteile am Spieß. Oder eine Art Kartoffeltaschen. Schließlich auch etwas rötlich

Längliches, offenbar Fischiges. Es schmeckt recht scharf gewürzt, der japanische Kollege hat aber an diesem Abend den Namen dieses Gerichtes nicht parat. Dieser wird am nächsten Tag nachgereicht: Qualle auf Seeigeleiern.

Nachzureichen ist auch, dass in früheren Zeiten in derlei Kneipen das Tagesgeschäft fortgesetzt wurde. Was tagsüber nicht verhandelt werden konnte oder sollte, wurde hier getan. Dabei sollen sogar Namen pharmazeutischer Produkte entworfen worden sein.

Unweit von Osaka liegt umgeben von acht anderen Bergen Koya-san; ein heiliger Berg und der Ursprung des japanischen Buddhismus. Dort hat sich vor fast 1200 Jahren Kobo daishi als Mönch niedergelassen. Noch heute finden sich dort auf dem Gipfel etwa 115 Klöster und 1000 Mönche. Einen davon treffen wir bei unserem Besuch Mitte März. Es ist ein 53-jähriger Schweizer, der seit acht Jahren hier mit seiner Frau lebt. Er führt uns nun ein in die Welt des Koya-san, die wir nach knapp drei Stunden Bahnfahrt erreichen. Hier werden wir eine Nacht sowie den nächsten Tag verbringen. Zur Verstärkung haben wir einen befreundeten Anwalt und einen Arzt mitgenommen; man weiß ja nie.

Herrliches Wetter empfängt uns in der Klosterstadt der Shingon-Sekte und unser Begleiter strahlt nicht nur

Wissen und Sympathie aus, sondern auch einen unverkennbaren schweizerischen Dialekt. Noch vor wenigen Jahren waren andere Sprachen in dieser Gegend recht selten. Man musste sich als ausländischer Reisender unentgeltlicher Übersetzer bedienen. Bald nach unserer Ankunft in dem Tempel Muryokoin, was soviel wie grenzenloses Licht bedeutet, brechen wir zu einem ausgedehnten Spaziergang in den Osten des Gipfels auf.

Hier befindet sich ein Friedhof mit über 200 000 Gräbern, Statuen und Monumenten. In nordöstlicher Ausdehnung am äußersten Rand liegt das Mausoleum von Kobo daishi. Wir erfahren viel Wissenswertes über dieses einzigartige Gelände, was seit 2004 zum Weltkulturerbe gehört. Neben vielen alten, klassisch fünfteilig gestalteten Monumenten (*stupa*) treffen wir zum Schluss unseres Spazierganges auf völlig Unerwartetes: Skulpturen in Kaffeetassen- und Raketenform. Auftraggeber waren jeweils Industrielle dieser Branchen. Als die Sonne langsam hinter den Wipfeln der riesigen Zedernbäume verschwindet, wird es recht kalt zwischen den größtenteils mit Moos bewachsenen Gräbern.

Zum Aufwärmen geht es dann in ein *ofuru*, ein heißes Bad, in einem Nachbarort. Der Abend beschert uns ein wunderbares vegetarisches Essen in unserem Tempel, der in der Ausstattung einem japanischen *ryokan* ähnelt und ebenfalls ein eigenes *ofuru* besitzt. Am nächsten Morgen nehmen wir um sechs Uhr an der täglichen Feuerzeremonie teil. Von einem Mönch werden in einem Feuer 108 Hölzer verbrannt, die sogenannten 108 Illusionen. Genauso oft werden in der Neujahrsnacht große Glocken geschlagen. Gleichzeitig werden im Rahmen der Zeremonie verschiedene Mantras rezitiert. Dabei handelt es sich um formelartige Wortketten, die wiederholend vorgetragen werden. Der Tag, der für uns schon im Morgengrauen begann, setzt sich dann leider in einem Dauerregen fort. Wir halten uns unter kundiger Führung dann vor allen Dingen im Inneren verschiedener Gebäude auf und gelangen so u. a. in die Konpon Daito, eine rotweiße Pagode, die als Symbol für Koya-san gilt.

Eine ganz andere Region Japans ist seit kurzem sehr bequem und einfach von Kobe zu erreichen: Okinawa, das Hawaii Japans. Schneller als nach Koya-san gelangt man durch die Neueröffnung des »Marine Air« Flughafens von Kobe nach Okinawa, der südlichsten Inselgruppe. Zwei Stunden benötigt der Flieger von dem Flughafen, den eigentlich niemand so recht will. 370 000 Unterschriften wurden von den Einwohnern Kobes gegen seine Errichtung gesammelt und nur durch eine geschickte Verquickung zweier unterschiedlicher Themen in einer gemeinsamen Volksabstimmung konnte der Bau fortgesetzt werden.

Die viertägige Reise soll ein letztes Abenteuer bergen: Das Befahren japanischer Straßen mit einem Mietwagen. Das Eröffnungs-Paket der Flugzeuggesellschaft beschert uns diese besondere Gelegenheit. Einige Hürden sind zu nehmen, aber im Großen und Ganzen schlagen wir uns tapfer. Das japanische Navigationssystem ist unser Zeuge. Dieses spricht einfühlend und nachgiebig mit uns; sogar auf Englisch. So gelangen wir weitestgehend unbeschwert über die einzige Autobahn der Hauptinsel zu unserem Hotel an der nordwestlichen Küste. Die ganze Anlage hat bereits einen sehr karibischen Charakter. Blaues, lagunenartiges Wasser, Strand und Palmen beschert uns der erste Blick vom Hotelbalkon. Die kommenden anderthalb Tage genießen wir zur Erholung die vielfältigen Freizeitangeboten des Hotels. Höhepunkte dabei sind die hoteleigenen Delfine, die von den Jungs gestreichelt werden können, das Hotelschwimmbad sowie eine Fahrt mit einem Glasbodenboot in das vorgelagerte Korallenriff. Auch das Abendessen im japanischen Lokal vor einer Aquariumswand ist eindrucksvoll.

Noch eindrucksvoller jedoch ist tags darauf der Besuch im Churaumi Aquarium. Zunächst bringt uns das immer noch gewogene Navigationssystem etwa 50 Kilometer nördlich. Neben vielen kleinen und mittelgroßen Becken im schummrigen Licht bildet der eigentliche Höhepunkt ein riesiges Becken, in dem drei, etwa sieben Meter lange Walhaie sowie ganze Fischschwärme langsam und lautlos entlang gleiten. Unvorstellbar, wie klein die Besucher vor der 22 Meter langen und knapp acht Meter hohen Plexiglaswand aussehen. So wie es einem dabei die Sprache verschlägt, wird nun prompt auch die bis dahin so freundliche Stimme im Auto stumm. Hatte das Hotelpersonal zwar die Hinfahrt, aber nicht die Rückfahrt programmieren können. Ganz sicher gibt es eine der vielen hübschen Tasten dafür, doch die sind natürlich nur auf Japanisch gehalten. Schließlich kommen wir bei Einbruch der Dunkelheit wieder im Hotel an.

Mehr und mehr gehen wir dann auf das klassische manuelle Navigationssystem auf dem Beifahrersitz über, auch wenn dieses - manch ein geneigter Leser mag das beurteilen können - auch nicht immer ganz reibungslos funktioniert. Doch schließlich besichtigen wir in den Folgetagen eine alte Burgruine, ein traditionelles Bauernhaus, eine großartige Tropfsteinhöhle und die restaurierte Burg Shuri in Naha, der Hauptstadt von Okinawa. Hier zeigt sich insbesondere der farbenfrohe chinesische Einfluss, während der amerikanische auf der Insel blass und grau bleibt.

Finale

Schnäppchenjäger, eine typisch deutsche Erscheinung, kommen in Japan natürlich nicht wirklich auf ihre Kosten. Und doch locken Sonderangebote das ganze Jahr über die Kunden in die Geschäfte. Ein paar Prozentpunkte gespart zu haben, beruhigt das Gewissen, erleichtert das Tragen der Geldbörse und macht den japanischen Ladenbesitzer sicherlich immer noch zufrieden. Fast ein klassisches Nullsummenspiel.

Auch wir beabsichtigen einen Teil unserer Möbel, die eigens für unseren Aufenthalt in Japan bei einem schwedischen Möbelhaus in Berlin angeschafft wurden, sowie weiteres Haushaltszubehör zu verkaufen. Hierfür wird zu Mitteln der modernen Marktpenetration gegriffen: Schaltung von Anzeigen an den schwarzen Brettern der Deutschen Schule, des CHIC-Clubs sowie E-Mail-Attacken über den Verteiler der Deutschen Schule sowie an Nachbarn, Kollegen und Freunde.

Das Ergebnis ist zunächst ernüchternd. Da in diesem Jahr bereits einige Familien die Deutsche Schule vor uns verlassen haben, ergibt sich trotz Angebot keine Nachfrage. Plötzlich und unerwartet wendet sich das Blatt, als die E-Mail auch bei den japanischen Kollegen in der Firma eintrifft. Als hätten alle darauf gewartet, ist die Nachfrage nun zeitweise größer als das Angebot. So wechseln wenige Tage vor unserem Auszug u.a. die Modelle x und y den Besitzer bzw. die Besitzerin. Eine Anrichte hat dabei den kürzesten Weg: Sie wandert von der fünften Etage zu unseren Nachbarn in die zweite Etage. Es sei an dieser Stelle darauf hingewiesen, dass erst etwa vier Wochen später das bekannte schwedische Möbelhaus in Tokyo selbst die erste Filiale in Japan eröffnet.

Auch einige elektrische Geräte, die aufgrund unterschiedlicher Netzspannungen in Deutschland nicht betrieben werden können, müssen leider zurückbleiben. Lediglich von unserem lieb gewordenen Reiskocher sowie dem DVD-Spieler, der erst wenige Wochen zuvor durch eine Reparatur frühlingshaft verjüngt wurde, können und wollen wir uns nicht trennen. Erstgenannter muss den langen Weg der Seereise antreten, während der DVD-Spieler mit in die Luftfracht darf. Der Zufall bzw. deutsche Zoll will es, dass gerade diese kleine Musikanlage als eines Zollvergehens besonders verdächtig auffällt und nur mit der Auflage freigegeben wurde, sie ein Jahr lang nicht zu veräußern oder zu verpfänden.

Die letzten Wochen vor der Abreise stehen mehr und mehr unter dem Stern des Aufbruchs. Und doch versuchen wir, die wunderbaren Frühlingstage und damit jede Abwechslung zu genießen. Ankommen ist eben schöner als Abfahren. So kommt es gerade recht, dass wir uns noch einmal mit einer japanischen Beraterin, die das Projekt in der Firma bis Ende des Jahres unterstützt hat, treffen können. Treffpunkt ist in Kyoto, der Stadt, die von uns schon seit langem als bisher schönste Stadt gehandelt wird.

Wir starten zu unserer gemeinsamen Tour in Arashiyama, im Nordwesten der Stadt. Dort erwartet uns die Beraterin bereits in einem frühlingsfarbenen Kimono, und dort befindet sich auch eine große Holzbrücke, die den Huzo Fluss überspannt und vielleicht aufgrund ihrer Länge den Namen »Brücke zum Mond« trägt. Hier in der Ebene von Kyoto verliert der Fluss langsam an Geschwindigkeit, und noch wissen wir nicht, dass uns eine Fahrt durch die Stromschnellen in den Bergen bevorsteht. Doch zunächst besichtigen wir den Tenryu-ji Tempel, dessen Gebäude und der dazugehörige Garten wunderbar gelegen sind.

Im Tempel findet sich ein großes Bild eines *darumas*, einer der bekanntesten Glücksbringer Japans. Typischerweise besteht ein *daruma*, der einen buddhistischen Mönch aus Indien darstellt, aus Pappmaschee und ist mit einem Gewicht beschwert, damit er nicht umfällt. Ein Zeichen dafür, sich in jeder Situation wieder aufzurichten.

Der *daruma* ist häufig in meditierender Pose zu sehen, was darauf zurückgeht, dass er neun Jahre lang vor einer Felswand meditiert haben soll; weswegen er schließlich auf die Verwendung von Armen und Beinen verzichtet hat. Aus diesem Grund wird er oft ohne Arme und Beine dargestellt. Studenten, die vor dem Examen stehen, oder Firmen, die ein neues Projekt starten, kaufen *darumas* als Glücksbringer. Bis zu unserem Projekt hatte sich dies offenbar noch nicht herumgesprochen.

Daruma-Figuren besitzen zunächst keine angemalten Augen. Kommt der *daruma* als Glücksbringer zum Einsatz, wird erst ein Auge ausgemalt. Männer malen dabei das linke Auge aus, Frauen das rechte aus. Die Figur soll an einem Ort stehen, an dem man täglich vorbeikommt. Ist der Wunsch in Erfüllung gegangen, wird schließlich das andere Auge ausgemalt. Dann hat der *daruma* seine Rolle erfüllt und kann in einem Tempel verbrannt werden.

Im Anschluss an den Tenryu-ji Tempel durchqueren wir einen Bambus-Wald, der in seinem Kontrast zwischen der Leichtigkeit der Baumgipfel, durch die das Tageslicht flimmert, und den kräftigen, grünen Baumstämmen außerordentlich beeindruckend ist. Zu bestimmten Jahreszeiten wird dieser Wald auch abends beleuchtet.

Eine Schmalspurbahn bringt uns weiter nach Kameoka, wo die Bootstour durch die Stromschnellen des Huzo startet. Teils durch Rudern, teils durch Staken der Bootsfahrer bewegen sich etwa 15 Mitfahrer und wir uns durch den Strom. Es soll einer der schönsten Ausflüge werden. Und doch kann von Abenteuer nicht die Rede sein. Es sind eben japanische Stromschnellen, die das Holzboot relativ sanft und gefahrlos knapp anderthalb Stunden zurück bis zur Brücke in Arashiyama gleiten lassen. Felix und Simon lassen dabei durch leises Grummeln vernehmen, dass sie sich das ja nun durchaus viel gefährlicher vorgestellt haben.

Aus der Politik ist hinlänglich bekannt, dass manche Sondierungsgespräche länger brauchen, dann aber zu einem glücklichen Ende führen können. Vielleicht erinnert sich der eine oder andere Leser an das Oktoberfest der Deutschen Schule, wo Felix seinem Name besondere Ehre machte und den zweiten Preis bei der Tombola gewann. Er tauschte sein in der Hosentasche bereits reichlich zerknülltes Los gegen einen Gutschein für eine Übernachtung für zwei Personen im Ritz Carlton in Osaka; kein schlechter Tausch und inklusive Frühstück.

Das dachten sich auch seine Eltern und warteten taktisch geschickt bis auf die letzten Tage. Die Gunst der Stunde, dass beide Jungs zur ersten und sicherlich einzigen gemeinsamen Klassenfahrt in eine Jugendherberge auf der Insel Manabe-jima aufbrachen, wurde kurzfristig zur Herbeiführung des gewünschten Verhandlungsgespräches genutzt. Was sind schon fünf Sterne in Osaka gegen einen Sternenhimmel über einer schönen, kleinen Insel in der Inlandssee.

Der Hotelaufenthalt wird mit einem Abend im Blue Note verbunden, welches gleich um die Ecke des Hotels liegt. Im Blue Note tritt die japanische Soul Band »Human Soul« auf, die insbesondere die Japanerinnen von Anfang an kaum auf den Stühlen sitzen und in einen Enthusiasmus ausbrechen lässt, der eher als untypisch bezeichnet werden kann. Pünktlich nach einer Stunde und mit einer bereits eingeplanten Zugabe ist jedoch das Konzert zu Ende und löst sich auf wie das Publikum selbst.

Wir ziehen uns auf unser Zimmer zurück, aber nicht ohne vorher eine kurze Viertelstunde am Kaminfeuer im Salon des Ritz Carlton zu verbringen. Hier wie auch im Fahrstuhl sind die Wände großflächig mit dunklem Holz getäfelt. Ölbilder, darunter eines von Johann Friedrich Tischbein, der durch seine Familienportraits bekannt geworden ist, bereichern den Raum; leichte

Jazzmusik klingt aus der nahe gelegenen Bar. Und im Zimmer erwartet uns schließlich ein atemberaubender Blick aus einem riesigen Eckfenster auf den Abendhimmel von Osaka, wo alles blinkt und funkelt.

Zu den bekannten Getränken Japans zählt der *sake*. Und gerade in Kobe findet sich eine Vielzahl kleiner Brauereien, die zu einer Besichtigung einladen. Damit wollen wir gleichzeitig einen weiteren offenen Punkt auf unserer Liste noch zu erledigender Dinge abhaken. Ein Jahr zuvor hatten wir bereits an einem Jazzkonzert in der Brauerei, die wir nun ansteuern, teilgenommen. Die Brauerei Shu-Shin-Kan wurde 1751 gegründet und beschäftigt heute etwa acht Braumeister. Sie kommen von der Japanischen See und arbeiten in Kobe von Oktober bis März als Saisonkräfte. Die übrige Zeit des Jahres verbringen sie in ihrem Heimatort als Bauern und Fischer.

Nach einigem Zögern erklärt sich ein freundlicher Angestellter bereit, uns eine kurze, aber sehr interessante englischsprachige Führung durch die Brauerei zu geben. So kommen wir im Anschluss und damit noch zur Mittagszeit zu einer Kostprobe unterschiedlicher Reifegrade des Reisschnapses. Wenige Tage später werden wir dann an anderer Stelle sogar ein 72 Liter Sakefass erwerben, um dieses als Souvenir in unserem Container nach Deutschland unterzubringen.

Nach der traurigen Verabschiedung an der Deutschen Schule naht schließlich auch der Tag der Abschiedsfeier mit den Kollegen. Als Örtlichkeit haben wir ein Lokal in der Nähe von Umeda ausgesucht, welches ein köstliches Essen in einem separaten Raum verspricht. Wie fast immer schmeckt alles ausgezeichnet und bietet eine Augenweide. Nur als frische Tintenfischbeine serviert werden, gibt es dann doch geteilte Meinungen. Denn bei dieser Delikatesse äußert sich die Frische insbesondere darin, dass die Beine sich noch wurmartig in den dazugehörigen Schälchen räkeln. Das ist offenbar selbst für Japaner grenzwertig.

Das trübt aber keinesfalls den Abend, an dem im Übrigen auch Christiane, Felix und Simon eingeladen sind. Als sogar noch ein japanischer Kollege, dem es auf Englisch nicht immer leicht gefallen ist, eine Rede in eben dieser Sprache hält, kommt fast ein wenig Rührung auf.

Zwei Tage später brechen wir nach Tokyo auf. Dank der hilfsbereiten Kollegen ist diese letzte Station touristisch ein wenig vorbereitet. So verbringen wir einen wunderbaren Tag in Nikko, einem Ort knapp zwei Bahnstunden nördlich von Tokyo mit mehreren, überaus prunkvollen Schreinen. Dazu zählt auch der Toshogu Schrein, bei dessen Erbauung zwei Jahre lang fast 15 000 Handwerker aus ganz Japan beschäftigt waren.

Der Anblick beschert uns ein ganz besonderes, glanzvolles Finale. Auch schaffen wir es noch auf den letzten Metern in das Tokyoer *kabuki*-Theater sowie in den Zoo, bevor uns ein Jumbo-Jet wieder heimwärts fliegt.

Ein fröhliches Empfangskomitee erwartet uns am Flughafen Tegel, und auch der Berliner Charme geht sofort in die Offensive, als es wenige Tage später gleich bei der ersten U-Bahnfahrt durch den Waggon schallt: »Ihre Fahrausweise zur Kontrolle bitte!«.

Der Autor dankt der Deutsch-Japanischen Gesellschaft Berlin, dem Finsterwalder Sängerstadtmarketing e. V., Dr. Nagelschmidt, Romann & Kollegen, Rechtsanwälte und Notare, Berlin, sowie Herrn Herbert Seubert, Schweinfurt, für die freundliche Unterstützung dieses Buches.